Για Τα Παιδιά Μου

Σρι Μάτα Αμριτάνανταμαΐ

Για Τα Παιδιά Μου

Επιμέλεια: Σουάμι Ραμακρισνανάντα Πούρι

Εκδόθηκε από το:

Mata Amritanandamayi Center
P.O. Box 613, San Ramon, CA 94583
Ηνωμένες Πολιτείες

——————— *For My Children (Greek)* ———————

Πρώτη ελληνική έκδοση: Φεβρουάριος 2016

Σχετικές ιστοσελίδες στα ελληνικά:
www.amma-greece.org
http://ammahellas.wordpress.com/

Ιστοσελίδες στην Ινδία: www.amritapuri.org
Ηλεκτρονική Διεύθυνση: inform@amritapuri.org

Περιεχόμενα

Πρόλογος

Η ουσία της Ινδίας βρίσκεται στην κουλτούρα της, απώτερος στόχος της οποίας είναι η Αυτο-πραγμάτωση — η εξύψωση του κοινού ανθρώπου στα ύψη της υπέρτατης συνειδητότητας. Ενώ η Ινδία μιμείται τη Δύση σε ό,τι αφορά τις υλικές ανέσεις και τις απολαύσεις, η Δύση, απογοητευμένη από την απατηλή μεγαλοπρέπεια του υλισμού, όλο και περισσότερο αναζητά καταφύγιο και καθοδήγηση στις αιώνιες φιλοσοφίες της Ανατολής. Από τους αρχαίους καιρούς μέχρι σήμερα, φωτισμένοι μαχάτμα (μεγάλες ψυχές) γεννιούνται στην Ινδία, προκειμένου να οδηγήσουν τους αναζητητές της υπέρτατης Αλήθειας προς τον τελικό τους στόχο.

Μερικές φορές μπορεί να αναρωτιόμαστε: «Γιατί, άραγε, χρειάζομαι έναν πνευματικό οδηγό; Δεν αρκεί η μελέτη μερικών βιβλίων, για να επιλέξω το δικό μου πνευματικό μονοπάτι;» Ας σκεφτούμε, όμως, ότι κάποιος που θέλει να γίνει γιατρός, πρέπει οπωσδήποτε να σπουδάσει με την καθοδήγηση των καθηγητών της ιατρικής. Αλλά και μετά την αποφοίτηση από την ιατρική, όμως, είναι απαραίτητο να δουλέψει σαν ασκούμενος σε νοσοκομείο υπό την επίβλεψη έμπειρων γιατρών. Μόνο μετά από πολλά χρόνια θα πραγματοποιήσει το όνειρο του να γίνει γιατρός. Τι μπορεί να ειπωθεί, λοιπόν, για κάποιον που επιδιώκει την κατανόηση της υπέρτατης Αλήθειας; Αν θέλετε να αποκτήσετε πνευματική σοφία, θα πρέπει να αναζητήσετε έναν αυθεντικό πνευματικό Δάσκαλο, ο οποίος να έχει μελετήσει, να έχει ασκηθεί και να έχει βιώσει την Αλήθεια – κάποιον που να έχει γίνει η ζωντανή ενσάρκωση της ίδιας της Αλήθειας.

Τι ξεχωρίζει έναν αληθινό Δάσκαλο από έναν ψεύτικο; Η παρουσία ενός φωτισμένου σοφού περιβάλλεται από μια αύρα αγάπης και γαλήνης. Ένας τέτοιος άνθρωπος συμπεριφέρεται σε όλους χωρίς διακρίσεις, με μία απεριόριστη και άνευ όρων αγάπη, ανεξάρτητα από τις αρετές και τα ελαττώματα, την κοινωνική θέση, τον πλούτο, την φυλή και την θρησκεία τους. Κάθε λέξη και πράξη ενός αληθινού Δασκάλου έχει ως στόχο την πνευματική μας εξύψωση. Ένας μαχάτμα υπηρετεί τον καθένα χωριστά και όλους με ανοιχτές αγκάλες, χωρίς ίχνος εγωισμού και ιδιοτέλειας.

Ένα ιδανικό παράδειγμα ενός τέτοιου Δασκάλου είναι η Σρι Μάτα Αμριτάνανταμαΐ Ντέβι, ή Άμμα, η οποία αναγνωρίζεται σε όλο τον κόσμο ως ενσάρκωση της Συμπαντικής Μητέρας. Το παρόν βιβλίο περιλαμβάνει επιλεγμένες πνευματικές διδασκαλίες της Άμμα, καθώς και απαντήσεις σε ερωτήματα που τίθενται συχνά από τους πνευματικούς αναζητητές. Τα λόγια της Άμμα είναι απλά, αλλά αποπνέουν ταυτόχρονα το βάθος του άμεσου βιώματος της θεϊκής εμπειρίας. Οι διδασκαλίες της είναι προσιτές σε όλους και μπορούν να εφαρμοστούν στην καθημερινή μας ζωή, είτε είμαστε σοβαροί πνευματικοί αναζητητές είτε λιγότερο σοβαροί είτε ακόμα και σκεπτικιστές.

Για να εμπεδώσουμε τις διδασκαλίες της Άμμα, είναι απαραίτητο να στοχαζόμαστε πάνω σε αυτές. Οι διδασκαλίες της δεν είναι απλές θεωρίες που διεγείρουν το νου. Αντιθέτως, πρέπει να χρησιμοποιούμε τη διάνοια και τη διαίσθηση μας για να ανακαλύψουμε το βαθύτερο νόημα των λόγων της Άμμα. Μερικές φορές, μπορεί να φαίνεται ότι κάποια ιδέα που παρουσιάζεται στο βιβλίο είναι ασαφής ή χρειάζεται περισσότερη επεξήγηση. Όταν ζητήθηκε κάποτε από την Άμμα να αναλύσει περισσότερο τα λεγόμενά της, εκείνη απάντησε: «Ο καθένας ας σκεφτεί μόνος του». Αυτό σημαίνει, ότι οι βασικές αρχές που αναπτύσσονται εδώ απαιτούν περισσότερο στοχασμό παρά διανοητικές εξηγήσεις. Αν επιδιώκετε σοβαρά την Αυτοπραγμάτωση και αφοσιωθείτε ειλικρινά και με ταπεινότητα στη μελέτη και πρακτική αυτών των διδασκαλιών, είναι σίγουρο ότι θα μπορέσετε να πετύχετε τον τελικό σας στόχο. Ανοίξτε το βιβλίο σε μια τυχαία σελίδα και δείτε αν τα λόγια της Άμμα μιλούν στη ψυχή σας.

Μια σύντομη βιογραφία της Άμμα

«Από τη στιγμή κιόλας της γέννησής μου, ένιωθα μια δυνατή αγάπη για το Όνομα του Θεού, τόσο μεγάλη, ώστε το επαναλάμβανα με κάθε μου ανάσα. Με αυτό τον τρόπο, μια συνεχής ροή θεϊκών σκέψεων πλημμύριζε το νου μου, ανεξάρτητα από το που βρισκόμουν ή τι έκανα. Αυτή η αδιάκοπη ενθύμηση του Θεού, γεμάτη αγάπη και αφοσίωση, μπορεί να βοηθήσει στο μέγιστο βαθμό τον αναζητητή στην επίτευξη της θεϊκής πραγμάτωσης.»

Γεννημένη στις 27 Σεπτέμβρη του 1953, σε ένα απομακρυσμένο ψαροχώρι στα νοτιοδυτικά παράλια της Ινδίας, η Σουντάμανι (αγνό πετράδι), όπως την ονόμασαν οι γονείς της, διέθετε θεϊκά γνωρίσματα από την πρώτη κιόλας στιγμή που ήρθε στον κόσμο. Το χρώμα του δέρματός της, όταν γεννήθηκε, ήταν ασυνήθιστα μπλε σκούρο. Άρχισε να μιλάει την μητρική της γλώσσα, τα Μαλαγιάλαμ, όταν ήταν μόλις έξι μηνών, και επίσης περπάτησε για πρώτη φορά σε αυτή την ηλικία, χωρίς να περάσει από το στάδιο του μπουσουλήματος, όπως συνήθως κάνουν όλα τα παιδιά.

Στην ηλικία των πέντε ετών, η Σουντάμανι συνέθετε ήδη λατρευτικά τραγούδια αφιερωμένα στο Θεό Κρίσνα, τραγούδια γεμάτα αγάπη και βαθιά λαχτάρα για το Θεό. Οι στίχοι αυτοί, παρότι γεμάτοι από παιδική αθωότητα και απλότητα, διέθεταν μεγάλο φιλοσοφικό και μυστικιστικό βάθος. Η Σουντάμανι, λοιπόν, έγινε γνωστή στο χωριό, για τα τραγούδια της και την όμορφη, εκφραστική φωνή της. Στην ηλικία των εννέα ετών, αναγκάστηκε να σταματήσει το σχολείο, για να φροντίζει την άρρωστη μητέρα της, η οποία έπασχε από ρευματισμούς και ήταν πλέον ανήμπορη να κάνει τις δουλειές του σπιτιού. Η Σουντάμανι ξυπνούσε πριν την ανατολή και εργαζόταν μέχρι τις έντεκα αργά το βράδυ. Μαγείρευε για όλη την οικογένεια, φρόντιζε τις αγελάδες, τις κατσίκες και τις πάπιες, έπλενε όλα τα ρούχα της οικογένειας και καθάριζε το σπίτι και την αυλή. Όποιο ελεύθερο χρόνο μπορούσε να βρει, τον περνούσε σε διαλογισμό και σε σπαραχτικά τραγούδια και προσευχές προς το Θεό Κρίσνα.

Παράλληλα, η Σουντάμανι έβλεπε πολλά θεϊκά οράματα και βίωνε την κατάσταση του σαμάντι (την ένωση με τον Θεό). Μέχρι την ηλικία των δεκαεπτά ετών, είχε εμβαθύνει τόσο πολύ σε αυτήν την κατάσταση, που έφτασε στο σημείο να βρίσκεται σε συνεχή ένωση με το Θεό. Γι' αυτήν πια, ο κόσμος ήταν η εκδήλωση του ενός, πανταχού παρόντος Θεού. Και μόνο η αναφορά της λέξης Θεός, βύθιζε το νου της στα μακάρια βάθη του εσωτερικού της Είναι.

Εκείνη την περίοδο, μετά από ένα όραμα, την κυρίευσε ένας δυνατός πόθος να πραγματώσει τη Θεϊκή Μητέρα. Εγκαταλείποντας τις ανάγκες της για ξεκούραση, φαγητό και στέγη, η Σουντάμανι υπέβαλλε τον εαυτό της σε σκληρές πρακτικές πνευματικής πειθαρχίας (τάπας).

Η περίοδος αυτή κορυφώθηκε, όταν η Θεϊκή Μητέρα εμφανίστηκε μπροστά της με τη μορφή ενός λαμπερού θεϊκού Φωτός, με το οποίο η Σουντάμανι συγχωνεύθηκε. Μετά από αυτή τη θεϊκή εμπειρία, η Σουντάμανι δεν είχε την επιθυμία να συναναστρέφεται τους ανθρώπους, και περνούσε τον περισσότερο χρόνο της σε απομόνωση, απολαμβάνοντας την ευδαιμονία της Αυτοπραγμάτωσης.

Μια μέρα, η Σουντάμανι άκουσε μια φωνή μέσα της να της λέει: «Παιδί μου, κατοικώ στις καρδιές όλων των όντων, και όχι σε κάποιο συγκεκριμένο μέρος. Δεν ήρθες σε αυτόν τον κόσμο για να απολαμβάνεις μόνο την αγνή ευδαιμονία του Εαυτού, αλλά για να παρηγορείς τους ανθρώπους από τη δυστυχία τους. Από εδώ και στο εξής, να Με λατρεύεις στις καρδιές όλων των όντων, ανακουφίζοντας τα από το βάρος της ζωής σε αυτόν τον κόσμο.»

Από εκείνη τη μέρα, η Σουντάμανι, την οποία όλοι άρχισαν να αποκαλούν «Άμμα»

14

(Μητέρα), αφιερώνει την κάθε στιγμή της ζωής της στην ευημερία της ανθρωπότητας. Χιλιάδες άνθρωποι καθημερινά συρρέουν κοντά της, απ' όλα τα μέρη του κόσμου, για να λάβουν την αγάπη, την καθοδήγηση και τις ευλογίες της ή απλά να βιώσουν την παρουσία της. Η Άμμα συντονίζει ένα τεράστιο δίκτυο φιλανθρωπικών, πνευματικών και επιμορφωτικών δραστηριοτήτων, οι οποίες περιλαμβάνουν νοσοκομεία για τους φτωχούς, ορφανοτροφεία, ιδρύματα για τους άστεγους, γηροκομεία, συνταξιοδοτικά προγράμματα για δεκάδες χιλιάδες πάμφτωχες γυναίκες, δωρεάν συσσίτια και παροχή ανθρωπιστικής βοήθειας σε θύματα φυσικών καταστροφών. Οι δραστηριότητες αυτές, που αποτελούν έμπρακτη εκδήλωση της συμπόνιας της Άμμα, συνεχίζουν να αναπτύσσονται και να διευρύνονται με ταχύτατους ρυθμούς. Η οργάνωση της, που ονομάζεται Μάτα Αμριτάναντα-μαΐ Μαθ (Mata Amritanandamayi Math), έχει αναγνωριστεί ως μη κυβερνητική οργάνωση από τον Οργανισμό Ηνωμένων Εθνών.

Η Άμμα ακούει υπομονετικά όλους εκείνους που έρχονται να της εκμυστηρευτούν τα προβλήματά τους. Τους παρηγορεί και απαλύνει τον πόνο τους, όπως μόνο μια μητέρα είναι ικανή να κάνει. Όπως έχει πει η ίδια: «Άνθρωποι κάθε λογής έρχονται να δουν την Άμμα, άλλοι από αφοσίωση, άλλοι για να βρουν λύση στα εγκόσμια προβλήματά τους και άλλοι για να θεραπευτούν από κάποια ασθένεια. Η Άμμα δεν απορρίπτει κανέναν. Πώς θα μπορούσε, άλλωστε, να απορρίψει κάποιον; Μήπως είναι κάποιος διαφορετικός από την Άμμα; Δεν είμαστε όλοι χάντρες περασμένες στο νήμα της ζωής; Ο κάθε άνθρωπος αντιλαμβάνεται την Άμμα σύμφωνα με την δική του κατανόηση και ιδιοσυγκρασία. Και εκείνοι που με αγαπούν και εκείνοι που με μισούν, έχουν την ίδια αξία για εμένα.»

Για την Άμμα

1.   Παιδιά μου, η μητέρα που σας γέννησε μπορεί να φροντίζει για τα θέματα που αφορούν την τωρινή σας ζωή. Στις μέρες μας, ακόμα και αυτό είναι σπάνιο. Ο σκοπός της Άμμα, όμως, είναι να σας καθοδηγήσει με τέτοιο τρόπο, ώστε να απολαμβάνετε την πνευματική ευδαιμονία σε όλες τις μελλοντικές σας ζωές.

2.   Όταν πιέζετε μια πληγή για να βγει το πύον, αυτό προκαλεί πόνο. Ένας καλός γιατρός, όμως, θα το κάνει παρόλο που είναι επώδυνο. Παρομοίως, όταν τα *βασάνας* (έμφυτες αρνητικές τάσεις) που υπάρχουν στο νου σας αφαιρούνται, τότε αναπόφευκτα βιώνετε κάποιο πόνο. Αυτό είναι για το καλό σας. Όπως ο κηπουρός ξεριζώνει τα ζιζάνια που δεν αφήνουν ένα φυτό να αναπτυχθεί, έτσι και η Άμμα αφαιρεί τις αρνητικές σας τάσεις.

3.   Ίσως είναι εύκολο για εσάς να αγαπάτε την Άμμα, αυτό όμως δεν είναι αρκετό. Να προσπαθείτε να βλέπετε την Άμμα σε όλα τα όντα. Παιδιά μου, μην νομίζετε ότι η Άμμα περιορίζεται μόνο σε αυτό το σώμα.

4.   Παιδιά μου, το να αγαπάτε πραγματικά την Άμμα σημαίνει ότι αγαπάτε το ίδιο όλα τα όντα στον κόσμο.

5.   Όσοι αγαπούν την Άμμα μόνο όταν εκείνη τους δείχνει αγάπη, δεν την αγαπούν πραγματικά. Αληθινή αφοσίωση έχουν μονάχα εκείνοι που ακολουθούν τις οδηγίες της, ακόμα κι όταν εκείνη τους επιπλήττει.

6.   Εκείνοι που κατοικούν σε αυτό το άσραμ και μαθαίνουν από κάθε πράξη της Άμμα, θα φθάσουν στην απελευθέρωση. Όποιος στοχάζεται πάνω στα λόγια και τις πράξεις της Άμμα, δεν χρειάζεται να μελετήσει τις γραφές.

7.   Ο νους πρέπει να προσηλωθεί σε κάτι, αυτό όμως δεν είναι εφικτό χωρίς πίστη. Όταν φυτεύεται ένας σπόρος, η ανάπτυξη του εξαρτάται από το πόσο βαθιά στο έδαφος εισχωρούν οι ρίζες του. Αν δεν ριζώσετε βαθιά στην πίστη, η πνευματική εξέλιξη δεν είναι εφικτή.

8.   Όπου κι αν βρίσκεστε, πρέπει πάντα να επαναλαμβάνετε το μάντρα σας ή να διαλογίζεστε. Αν αυτό δεν είναι εφικτό, μπορείτε να διαβάζετε πνευματικά βιβλία. Μην σπαταλάτε το χρόνο σας. Ακόμα και αν χαθούν ένα εκατομμύριο ρουπίες, η Άμμα δεν θα προβληματισθεί το ίδιο, όπως όταν χάνετε άσκοπα έστω και ένα λεπτό από τη ζωή σας. Τα χρήματα μπορούμε να τα ξαναβρούμε, ο χαμένος χρόνος όμως δεν γυρνά πίσω. Παιδιά μου, να έχετε πάντα επίγνωση της αξίας του χρόνου.

9.   Παιδιά μου, η Άμμα δεν λέει ότι πρέπει να πιστεύετε σε εκείνην ή σε ένα Θεό που

κατοικεί στους ουρανούς. Είναι αρκετό να πι-
στεύετε στον εαυτό σας. Τα πάντα βρίσκονται
μέσα σας.

10. Αν πραγματικά αγαπάτε την Άμμα, να
κάνετε πνευματική άσκηση για να γνωρίσετε τον
Εαυτό. Η Άμμα σας αγαπά χωρίς να περιμένει
τίποτα από εσάς. Θα ήταν αρκετό για την Άμμα
να βλέπει τα παιδιά της να απολαμβάνουν την
αιώνια ειρήνη, έχοντας λησμονήσει τη μέρα και
τη νύχτα.

11. Όταν δείχνετε ανιδιοτελή αγάπη, ακό-
μα και σε ένα μυρμήγκι, τότε αγαπάτε πραγ-
ματικά την Άμμα. Μόνο αυτού του είδους η
αγάπη είναι αληθινή. Η υποτιθέμενη αγάπη που
πηγάζει από τον εγωισμό, είναι σαν μαχαιριά
στην καρδιά της Άμμα.

12. Η φύση της Άμμα αλλάζει ανάλογα με
τις δικές σας σκέψεις και πράξεις. Ο Θεός που

πήρε τη μορφή του Ναρασίμχα (του θεϊκού ανθρώπου-λιονταριού), και όρμησε με βρυχηθμό και δύναμη πάνω στον δαιμονικό βασιλιά Χιρανιακασίπου, ήταν ήρεμος στην παρουσία του Πράλαντα. Ο Θεός, που είναι αγνός και πέρα απ' όλες τις ιδιότητες, πήρε διαφορετικές μορφές, ανάλογα με τις πράξεις τους. Παρομοίως, η συμπεριφορά της Άμμα αλλάζει ανάλογα με την στάση των παιδιών της. Η Άμμα, την οποία λατρεύετε ως την ενσάρκωση της αγάπης, μπορεί μερικές φορές να σας φαίνεται ότι είναι άσπλαχνη. Αυτό γίνεται για να διορθώσει τα ελαττώματα των παιδιών της. Ο μοναδικός σκοπός της Άμμα είναι το δικό σας καλό.

Ο πνευματικός Δάσκαλος

13.   Όταν έχεις επιλέξει ένα κατάστημα από το οποίο αγοράζεις τακτικά ό,τι χρειάζεσαι, γιατί να ψάχνεις άλλα μαγαζιά για να κάνεις τα ψώνια σου; Κάτι τέτοιο θα ήταν σπατάλη χρόνου. Κατά τον ίδιο τρόπο, όταν βρεις τον τέλειο Δάσκαλο, δεν υπάρχει λόγος να συνεχίσεις να ψάχνεις. Απλά επικεντρώσου στην πνευματική σου άσκηση και προσπάθησε να πετύχεις τον στόχο.

14.   Ο πνευματικός Δάσκαλος είναι απαραίτητος για τον αναζητητή. Όταν ένα μικρό παιδί πλησιάσει την όχθη μιας λίμνης, η μητέρα του θα αντιληφθεί τον κίνδυνο και θα το απομακρύνει. Παρομοίως, ο Δάσκαλος θα δώσει στο μαθητή όλες τις απαραίτητες οδηγίες. Η προσοχή του Δασκάλου θα είναι πάντα στραμμένη στο μαθητή.

15.   Παρότι ο Θεός είναι πανταχού παρών, η παρουσία του πνευματικού Δασκάλου είναι αναγκαία. Ο αέρας βρίσκεται παντού, αλλά κάτω από τη σκιά ενός δέντρου απολαμβάνουμε τη δροσιά του. Το αεράκι που διαπερνά τη φυλλωσιά του δέντρου δροσίζει εκείνους που ταξιδεύουν κάτω από τον καυτό ήλιο. Έτσι δεν είναι; Παρομοίως, ο πνευματικός Δάσκαλος είναι απαραίτητος για εκείνους που ζουν κάτω από τον καυτό ήλιο της εγκόσμιας ζωής. Η παρουσία του Δασκάλου μας πλημμυρίζει με εσωτερική ειρήνη και αρμονία.

16.   Παιδιά μου, η δυσοσμία που αναδύεται από τα περιττώματα, όσο καιρό κι αν αυτά είναι εκτεθειμένα στον ήλιο, δεν θα υποχωρήσει παρά μόνο με το φύσημα του ανέμου. Παρομοίως, μπορεί να διαλογίζεστε για χρόνια, αλλά τα βασάνας σας δεν θα διαλυθούν, εκτός αν ζείτε κοντά στον πνευματικό σας Δάσκαλο. Η χάρη του Δασκάλου είναι απαραίτητη. Μόνο ένας

αθώος νους μπορεί να γίνει αποδέκτης της χάρης αυτής.

17.   Για την πνευματική σας πρόοδο, είναι αναγκαίο να υιοθετήσετε τη στάση της πλήρους παράδοσης προς τον πνευματικό Δάσκαλο. Όταν ένα παιδί μαθαίνει το αλφάβητο, ο δάσκαλος κρατά το δάχτυλό του και το βοηθά να σχηματίσει τα γράμματα στην άμμο. Ο δάσκαλος ελέγχει την κίνηση του δαχτύλου. Αν, όμως, ο μαθητής σκεφθεί με έπαρση «εγώ τα ξέρω ολα» και αρνηθεί να υπακούσει τον δάσκαλο, πώς θα μάθει γράμματα;

18.   Παιδιά μου, οι εμπειρίες είναι πραγματικά ο γκούρου[1] του κάθε ανθρώπου. Η θλίψη είναι ο Δάσκαλος, που μας φέρνει πιο κοντά στο Θεό.

---

1 (Σ.τ.Μ.) Οι σανσκριτικοί όροι επεξηγούνται στο γλωσσάρι, στο τέλος του βιβλίου.

19.   Πρέπει να έχουμε μπάγια μπάκτι (ειλικρινή αφοσίωση) προς τον πνευματικό μας Δάσκαλο. Ταυτόχρονα, πρέπει να διατηρούμε μια στενή σχέση μαζί του και να αισθανόμαστε ότι εκείνος είναι δικός μας άνθρωπος. Η σχέση αυτή πρέπει να μοιάζει με τη σχέση μητέρας και παιδιού. Το παιδί παραμένει προσκολλημένο στη μητέρα του, ακόμα κι αν αυτή το τιμωρήσει ή το διώξει για λίγο μακριά της. Η αφοσίωση θα μας βοηθήσει να εξελιχθούμε πνευματικά, αλλά θα πρέπει να συνοδεύεται από την καλλιέργεια μιας στενής σχέσης με τον Δάσκαλο, ώστε οι προσπάθειές μας να αποφέρουν καρπούς.

20.   Παιδιά μου, αγαπώντας απλά τον πνευματικό σας Δάσκαλο δεν θα καταστραφούν τα βασάνας σας. Χρειάζεστε αφοσίωση και πίστη που να βασίζονται πάνω στις αρχές της πνευματικότητας. Για να το πετύχετε, η προσήλωση του σώματος, του νου και της διάνοιας στο στόχο είναι αναγκαία. Η ολοκληρωτική πίστη

και η υπακοή στον Δάσκαλο αρκούν για να εξαλείψετε τα βασάνας.

21.   Ας φανταστούμε ένα σπόρο που φυτρώνει στη σκιά ενός δένδρου. Όταν αρχίσει να αναπτύσσεται, χρειάζεται μεταφύτευση. Διαφορετικά δεν θα αναπτυχθεί κανονικά. Κατά τον ίδιο τρόπο, ο μαθητής πρέπει να μείνει κοντά στο Δάσκαλο δύο με τρία χρόνια τουλάχιστον. Μετά, θα πρέπει να ασκηθεί μόνος του σε ένα απομονωμένο μέρος. Αυτό είναι απαραίτητο για την πνευματική πρόοδο του μαθητή.

22.   Ένας αληθινός Δάσκαλος επιθυμεί μόνο την πνευματική πρόοδο του μαθητή. Ο μαθητής χρειάζεται να περάσει μια σειρά δοκιμασιών, ώστε να προχωρήσει στο πνευματικό μονοπάτι και να εξαλείψει τις αδυναμίες του. Ο Δάσκαλος μπορεί ακόμα και να επιρρίψει ευθύνες στον μαθητή για λάθη που δεν έχει

διαπράξει. Μόνο εκείνοι που αντέχουν τέτοιες δοκιμασίες θα σημειώσουν πρόοδο.

23.   Ο μαθητής μπορεί να γνωρίσει τον αληθινό Δάσκαλο μόνο μέσω της εμπειρίας.

24.   Ένα τεχνητά γονιμοποιημένο κοτόπουλο δεν μπορεί να επιβιώσει χωρίς την κατάλληλη τροφή μέσα σε ένα προστατευμένο περιβάλλον. Αντίθετα, ένα κοτόπουλο ελευθέρας βοσκής δεν χρειάζεται συγκεκριμένη τροφή και ιδανικές συνθήκες. Παιδιά μου, οι πνευματικοί αναζητητές οι οποίοι ζουν κοντά σε ένα Δάσκαλο είναι σαν τα κοτόπουλα που μεγαλώνουν ελεύθερα. Έχουν το θάρρος να ξεπεράσουν όλα τα εμπόδια. Τίποτα δεν μπορεί να τους υποδουλώσει. Είναι πάντοτε οπλισμένοι με το κουράγιο και τη δύναμη που έχουν αποκτήσει χάρη στη στενή τους σχέση με το Δάσκαλο.

25.　　Ένας μαθητής είναι πιθανό να αναπτύξει κτητική συμπεριφορά απέναντι στον Δάσκαλο. Αυτή η στάση δεν μπορεί εύκολα να εξαλειφθεί. Ένας τέτοιος μαθητής ίσως προσπαθεί να αποσπάσει τη μέγιστη δυνατή αγάπη και προσοχή από το Δάσκαλο. Όταν, μάλιστα, δεν το πετυχαίνει, μπορεί ακόμα και να κατηγορήσει ή και να εγκαταλείψει το Δάσκαλο. Αν ο μαθητής επιθυμεί την αγάπη του Δασκάλου, θα πρέπει να μάθει να υπηρετεί με ανιδιοτέλεια.

26.　　Η οργή του Θεού μπορεί να κατευναστεί. Η περιφρόνηση, όμως, προς τον πνευματικό Δάσκαλο είναι αμαρτία που δεν συγχωρεί ούτε ο Θεός.

27.　　Ο Θεός και ο πνευματικός Δάσκαλος βρίσκονται μέσα σε όλους. Εντούτοις, στα αρχικά στάδια της πνευματικής άσκησης, ένας εξωτερικός Δάσκαλος είναι απαραίτητος. Από ένα σημείο και πέρα, η παρουσία του Δασκάλου δεν είναι πια αναγκαία· ο πνευματικός αναζητητής μπορεί να αντιληφθεί τις πνευματικές αρχές και να προχωρήσει μόνος του. Ένα παιδί μελετά τα μαθήματα του σχολείου επειδή φοβάται την επίπληξη των γονιών και των δασκάλων του. Όταν, όμως, συνειδητοποιήσει τον στόχο του, μελετά με την θέλησή του και φτάνει στο σημείο να ξενυχτά, να μην πηγαίνει στον κινηματογράφο και να στερείται τα πράγματα που του αρέσουν, προκειμένου να πετύχει το στόχο αυτό. Ο φόβος και ο σεβασμός που έδειχνε μέχρι τότε προς τους γονείς, δεν ήταν σημάδι αδυναμίας. Παιδιά μου, όταν η επίγνωση του στόχου ανατείλει μέσα σας, τότε θα αφυπνιστεί αυθόρμητα και ο εσωτερικός Δάσκαλος.

28.   Από τα άτομα που έρχονται σε επαφή με έναν πνευματικό Δάσκαλο, γίνονται δεκτοί ως μαθητές μόνο εκείνοι που είναι έτοιμοι. Κανείς δεν μπορεί να γνωρίσει τον Δάσκαλο αν δεν διαθέτει τη χάρη του. Ο άνθρωπος που αναζητά

με ειλικρίνεια την Αλήθεια είναι ταπεινός και απλός. Η χάρη του Δασκάλου μπορεί να διεισδύσει μόνο σε μια τέτοια ψυχή. Οι άνθρωποι που είναι γεμάτοι εγωισμό δεν θα μπορέσουν να παραμείνουν κοντά στο Δάσκαλο.

29.   Παιδιά μου, μπορείτε να λέτε «ο Θεός κι εγώ είμαστε ένα και το αυτό», ένας μαθητής, όμως, δεν μπορεί ποτέ να πει «ο Δάσκαλος μου κι εγώ είμαστε ένα». Ο πνευματικός Δάσκαλος είναι εκείνος ο οποίος αφυπνίζει το θεϊκό «Είμαι» μέσα σας. Αυτό είναι το μεγαλείο του Δασκάλου. Ο μαθητής πρέπει να φέρεται ανάλογα.

30.   Όπως η κλώσα προστατεύει τα κλωσσόπουλα κάτω από τα φτερά της, έτσι κι ο αληθινός Δάσκαλος πάντοτε φροντίζει εκείνους που ζουν σύμφωνα με τις οδηγίες του. Ο Δάσκαλος εντοπίζει και διορθώνει τις αδυναμίες τους, και δεν θα αφήσει ούτε ίχνος εγωισμού

να αναπτυχθεί μέσα τους. Για να εξαλείψει την υπερηφάνεια του μαθητή, ο Δάσκαλος μπορεί μερικές φορές να φαίνεται ότι ενεργεί με σκληρό τρόπο.

31.   Όταν βλέπετε τον σιδερά να σφυρηλατεί ένα πυρακτωμένο κομμάτι σίδερο πάνω σε μια πέτρα, μπορεί να σκεφθείτε ότι ενεργεί με σκληρό τρόπο. Το σίδερο μπορεί, επίσης, να αισθάνεται ότι ο σιδεράς είναι ο πιο κτηνώδης άνθρωπος σε όλο τον κόσμο. Ο σιδεράς, όμως, με κάθε χτύπημα του σφυριού, σκέφτεται μόνο τη νέα μορφή που θα δημιουργήσει. Παιδιά μου, έτσι ακριβώς ενεργεί και ο αληθινός Δάσκαλος.

Ο Θεός

32.   Πολλοί άνθρωποι αναρωτιούνται: «Υπάρχει Θεός; Αν υπάρχει Θεός, πού βρίσκεται;» Ρωτήστε αυτούς τους ανθρώπους: «Η κότα έκανε το αβγό ή το αβγό την κότα;» ή «τι δημιουργήθηκε πρώτο, η καρύδα ή το φοινικόδεντρο;» Ποιός μπορεί να απαντήσει σε αυτές τις ερωτήσεις; Πίσω από την καρύδα και το φοινικόδεντρο, υπάρχει μια ζωντανή δύναμη η οποία είναι το θεμέλιο των πάντων, μια δύναμη πέρα από κάθε περιγραφή. Αυτός είναι ο Θεός. Παιδιά μου, αυτή την πρωταρχική αιτία των πάντων αποκαλούμε Θεό.

33.   Παιδιά μου, όποιος αρνείται την ύπαρξη του Θεού είναι σαν χρησιμοποιεί τη γλώσσα του για να πει «δεν έχω γλώσσα.» Όπως το δέντρο εμπεριέχεται μέσα στο σπόρο και το βούτυρο στη κρέμα, έτσι και ο Θεός βρίσκεται παντού.

34.   Παρόλο που το δέντρο υπάρχει σε
λανθάνουσα κατάσταση μέσα στο σπόρο, για
να αναπτυχθεί πρέπει ο σπόρος να εισχωρήσει
βαθιά μέσα στο χώμα. Αυτό συμβολίζει τη
στάση της ταπεινότητας. Για να εκκολαφθεί
ένα αυγό, η κότα πρέπει να το κλωσήσει με
μεγάλη υπομονή. Το βούτυρο μπορούμε να
το διαχωρίσουμε από την κρέμα, μόνο όταν
ανακατέψουμε το γάλα που έχει πήξει. Παρότι ο
Θεός είναι πανταχού παρών, χρειάζεται επίπονη
προσπάθεια για να τον πραγματώσουμε.

35.   Όπου υπάρχει εγωισμός και ιδιοτέλεια,
ο Θεός δεν μπορεί να γίνει βίωμα. Όταν ο Θεός
εισακούσει τις ειλικρινείς προσευχές μας, κά-
νει αισθητή την παρουσία του. Αν, όμως, μας
κυριεύσει ο εγωισμός, ο Θεός απομακρύνεται
γρήγορα από κοντά μας. Μπορείτε να πηδήξετε
μέσα στο πηγάδι σε χρόνο μηδέν, είναι όμως
πολύ δύσκολο να σκαρφαλώσετε για να βγείτε.
Παρομοίως, η χάρη του Θεού, η οποία είναι

τόσο δύσκολο να κερδηθεί, μπορεί να χαθεί σε δευτερόλεπτα.

36.   Παιδιά μου, ακόμα κι αν κάποιος κάνει πνευματική άσκηση για πολλές ζωές, η Αυτο-πραγμάτωση δεν είναι εφικτή χωρίς την αθώα αγάπη και την λαχτάρα για το Υπέρτατο Ον.

37.   Μια γυναίκα μπορεί να είναι αδερφή για τον αδερφό της, σύζυγος για τον άνδρα της και κόρη για τον πατέρα της. Ανεξάρτητα, όμως, από το ρόλο της, παραμένει το ίδιο άτομο. Παρομοίως, ο Θεός είναι Ένας. Οι άνθρωποι φαντάζονται το Θεό με τον δικό τους τρόπο, σύμφωνα με την ιδιοσυγκρασία τους.

38.   Ο Θεός μπορεί να πάρει οποιαδήποτε μορφή. Αν φτιάξετε ένα παιχνίδι από πηλό – για παράδειγμα έναν ελέφαντα ή ένα άλογο – ο πηλός παραμένει πηλός. Μέσα του, υπάρχουν εν δυνάμει πολλές μορφές. Κατά τον ίδιο

τρόπο, πολλές μορφές μπορούν να λαξευτούν πάνω στο ξύλο. Αν, όμως, βλέπετε το ξύλο σαν υλικό, τότε αυτό δεν αλλάζει. Παρομοίως, ο Θεός διαπερνά τα πάντα και δεν έχει ιδιότητες, αλλά αποκαλύπτεται σε εσάς, σύμφωνα με την ιδιοσυγκρασία σας.

39.   Παιδιά μου, όπως το νερό γίνεται πάγος και μετά λιώνει και ξαναγίνεται νερό, έτσι και ο Θεός, με τη θέληση Του, μπορεί να πάρει οποιαδήποτε μορφή και μετά να επανέλθει στην πρωταρχική Του φύση.

40.   Αν φτιάξουμε ένα φράγμα, μπορούμε να συλλέξουμε το νερό που κυλά προς διαφορετικές κατευθύνσεις, μέσα σε μια δεξαμενή. Μετά, μπορούμε να χρησιμοποιήσουμε την ορμή του νερού για την παραγωγή ηλεκτρικής ενέργειας. Παρομοίως, αν ο νους μας, ο οποίος τώρα περιπλανιέται από το ένα αντικείμενο των αισθήσεων στο άλλο, εξασκηθεί

στη συγκέντρωση, τότε θα μπορέσουμε να αντιληφθούμε την παρουσία του Θεού.

41.   Παιδιά μου, όταν αναζητήσουμε καταφύγιο στο Θεό, ο φόβος εξαφανίζεται. Ο Θεός μεριμνά για τα πάντα. Υπάρχει ένα παιδικό παιχνίδι που λέγεται αμπάριζα. Ένα παιδί κυνηγάει τα άλλα και προσπαθεί να τα φυλακίσει αγγίζοντάς τα. Τα άλλα παιδιά τρέχουν για να αποφύγουν το άγγιγμα. Αν κάποιο από τα παιδιά αγγίξει ένα «ασφαλές» δέντρο, τότε τα άλλα δεν μπορούν να το φυλακίσουν. Παρομοίως, αν βασιζόμαστε στο Θεό, τίποτα δεν μπορεί να μας βλάψει.

42.   Όταν ένας άνθρωπος κοιτάζει το πορτραίτο του πατέρα του, δεν σκέφτεται ούτε το ζωγράφο ούτε τα χρώματα· θυμάται απλά τον πατέρα του. Κατά τον ίδιο τρόπο, ο πιστός βλέπει στις ιερές εικόνες το Θεό, τον Συμπαντικό Πατέρα και την Συμπαντική Μητέρα. Οι άθεοι

μπορεί να ισχυριστούν ότι πρέπει να θαυμάζου-
με τον καλλιτέχνη και όχι την εικόνα. Αλλά,
παιδιά μου, το λένε αυτό γιατί δεν μπορούν να
αντιληφθούν καθόλου την έννοια του Θεού και
γιατί αγνοούν τις αρχές που διέπουν τη λατρεία
των εικόνων.

43.   Δεν έχει νόημα να κατηγορούμε τον
Θεό για τα προβλήματα και τις αδικίες που
υπάρχουν στον κόσμο. Ο Θεός μας έχει υπο-
δείξει το σωστό δρόμο και δεν είναι υπεύθυνος
για τη δυστυχία που δημιουργούμε, όταν αρ-
νούμαστε να τον ακολουθήσουμε. Είναι μάταιο
να προσπαθούμε να βρούμε ψεγάδια στο Θεό.
Μια μητέρα συμβουλεύει το παιδί της: «Μην
αγγίξεις την φωτιά ή μην πηγαίνεις κοντά στην
όχθη της λίμνης». Αν το παιδί δεν υπακούσει
και κάψει το χέρι του ή πέσει μέσα στη λίμνη,
γιατί πρέπει να κατηγορήσουμε την μητέρα;

44.   Όσοι κάθονται άπραγοι και λένε «ο Θεός θα κάνει τα πάντα», είναι τεμπέληδες. Ο Θεός μας έχει προικίσει με νοημοσύνη, για να χρησιμοποιούμε την ικανότητα της διάκρισης σε κάθε μας πράξη. Αν απλά λέμε ότι ο Θεός θα μεριμνήσει για τα πάντα, πώς θα χρησιμο-ποιήσουμε τη νοημοσύνη μας;

45.   Κάποιοι ισχυρίζονται: «Αν τα πάντα εξαρτώνται από το θέλημα του Θεού, δεν είναι επίσης θέλημα Θεού να κάνουμε λάθη;» Αυτή είναι μια ανόητη εικασία. Η ευθύνη κάθε πρά-ξης που εκτελείται με την αίσθηση του «εγώ», βαρύνει αποκλειστικά εμάς, και όχι το Θεό. Αν πραγματικά πιστεύουμε ότι ο Θεός μας παρα-κινεί να διαπράξουμε ένα έγκλημα, θα πρέπει, επίσης, να είμαστε έτοιμοι να αποδεχθούμε, ότι η ποινή που θα μας επιβάλλει ο δικαστής προέρχεται κι εκείνη από το Θεό. Είμαστε, όμως, ικανοί να το κάνουμε;

46.   Παιδιά μου, η πραγμάτωση του Θεού και η Αυτοπραγμάτωση είναι το ίδιο και το αυτό. Ανοιχτοί ορίζοντες, τέλεια αταραξία και η ικανότητα να αγαπάμε τους πάντες – αυτό σημαίνει πραγμάτωση του Θεού.

47.   Ακόμα κι αν μας αγαπούν όλοι οι άνθρωποι του κόσμου, αυτή η αγάπη δεν μπορεί να μας δώσει ούτε μια απειροελάχιστη γεύση της ευδαιμονίας που βιώνουμε από μια στιγμιαία εμπειρία της Θεϊκής αγάπης. Παιδιά μου, τόσο μεγάλη είναι η ευδαιμονία που βιώνουμε από την αγάπη του Θεού, που καμία άλλη αγάπη δεν μπορεί να συγκριθεί μαζί της.

48.   Μπορείτε να ισχυριστείτε ότι δεν υπάρχει Θεός, απλά και μόνο επειδή δεν μπορείτε να Τον δείτε; Πολλοί άνθρωποι δεν έχουν γνωρίσει τον παππού τους. Μπορούν, άραγε, εξαιτίας αυτού του γεγονότος, να ισχυριστούν ότι ο πατέρας τους δεν είχε πατέρα;

49.   Σαν παιδια, κάνουμε αμέτρητες ερω-
τήσεις και μαθαίνουμε τόσα πολλά πράγματα
από τη μητέρα μας. Καθώς μεγαλώνουμε,
μοιραζόμαστε τα προβλήματά μας με τους
φίλους μας. Σαν ενήλικες, εμπιστευόμαστε το
σύζυγο ή τη σύζυγό μας. Αυτό είναι το σαμσκά-
ρα μας (η εσωτερική μας προδιάθεση). Αυτό
είναι κάτι που πρέπει να αλλάξουμε. Θα πρέπει
να είμαστε ικανοί να μοιραζόμαστε τις λύπες
μας με κάτι πολύ μεγαλύτερο από εμάς. Είναι
ανθρώπινη ανάγκη να μοιραζόμαστε τις λύπες
μας με καποιον – σίγουρα, δεν μπορούμε να
προχωρήσουμε χωρίς έναν σύντροφο. Ας είναι,
όμως, αυτός ο συντροφος και συνοδοιπόρος
μας ο Θεός.

50.   C σημερινός φίλος μπορεί να είναι ο
αυριανός εχθρός. Ο μόνος φίλος, τον οποίο
μπορούμε να εμπιστευτούμε και να βρούμε
καταφύγιο κοντά του, είναι ο Θεός.

51.   Κερδίζει κάτι ο Θεός από την πίστη μας σε Αυτόν; Χρειάζεται ο ήλιος το φως του κεριού; Ο πιστός είναι εκείνος, ο οποίος ωφελείται από την πίστη του. Όταν έχουμε πίστη και λατρεύουμε το Θεό μέσα σε ένα ναό, παρατηρώντας την καμφορά που καίγεται σαν προσφορά προς Εκείνον, εμείς είμαστε αυτοί που ωφελούνται από την εμπειρία της συγκέντρωσης του νου και της εσωτερικής ειρήνης.

52.   Οι άνθρωποι ασπάζονται διαφορετικές θρησκείες, ακολουθούν διαφορετικά έθιμα και έχουν πολλούς τόπους λατρείας. Ο Θεός, όμως, είναι ένας για όλους. Παρότι το γάλα λέγεται «παλ» στα Μαλαγιάλαμ και «ντουντ» στα χίντι, η ουσία και το χρώμα είναι ακριβώς τα ίδια. Οι χριστιανοί λατρεύουν τον Χριστό. Οι μουσουλμάνοι ονομάζουν τον Θεό Αλλάχ. Η μορφή του Κρίσνα δεν είναι η ίδια στην Κέραλα, όπως στη βόρεια Ινδία, όπου εμφανίζεται να φοράει ένα τουρμπάνι, και ούτω καθεξής. Ο

κάθε άνθρωπος κατανοεί και λατρεύει τον Θεό σύμφωνα με την κουλτούρα και τις πεποιθήσεις του. Οι θεϊκές ενσαρκώσεις εκδηλώνουν τον ίδιο Θεό με διαφορετικές μορφές, σύμφωνα με τις ανάγκες της εποχής, και τις διαφορετικές προτιμήσεις των ανθρώπων.

53.   Για να εξυψώσετε τον εαυτό σας από το επίπεδο της ταύτισης με το σώμα στο επίπεδο του ένδοξου Εαυτού, πρέπει να αισθανθείτε, με την ίδια ένταση, την απόγνωση και τη θέληση για ζωή που αισθάνεται ένας άνθρωπος παγιδευμένος σε ένα φλεγόμενο σπίτι, ή κάποιος που πνίγεται. Ο αναζητητής που βιώνει την ένταση αυτής της εμπειρίας, θα πετύχει τη θεϊκή ενόραση πολύ γρήγορα.

54.   Παιδιά μου, όταν χάνετε τα κλειδιά σας, φωνάζετε τον κλειδαρά για να ξεκλειδώσει την πόρτα. Κατά τον ίδιο τρόπο, το κλειδί για να ανοίξετε την κλειδαριά του νου σας και να

ελευθερωθείτε από τις έλξεις και τις αποστροφές του, πρέπει να το αναζητήσετε στα χέρια του Θεού.

55.   Ο Θεός είναι ο θεμέλιος λίθος των πάντων. Η πίστη μας στο Θεό θα κάνει την αγάπη να ανθίσει μέσα μας. Από αυτή την αγάπη, θα καλλιεργηθεί η αίσθηση του ντάρμα (του δικαίου, της ηθικής). Τότε, θα βιώσουμε ειρήνη. Η συμπόνια μας πρέπει να είναι τέτοια, ώστε να είμαστε τόσο πρόθυμοι να ανακουφίζουμε τον πόνο των άλλων, όσο πρόθυμα καταπραΰνουμε με αλοιφή ένα έγκαυμα στο δικό μας χέρι. Αυτή η αρετή μπορεί να καλλιεργηθεί μέσω της αληθινής πίστης στο Θεό.

Οι Μαχάτμα

Μεγάλες ψυχές

56.   «Ο ίδιος Εαυτός που κατοικεί σε όλα τα όντα, κατοικεί και σε μένα. Τίποτα δεν είναι διαφορετικό ή ξεχωριστό από εμένα. Τα δεινά και η δυστυχία των άλλων είναι και δικά μου.» Το άτομο που έχει συνειδητοποιήσει αυτές τις αλήθειες μέσω της δικής του εμπειρίας, είναι ένας γκυάνι (σοφός).

57.   Η διαφορά μεταξύ μιας θεϊκής ενσάρκωσης και μιας απελευθερωμένης ατομικής ψυχής, μπορεί να συγκριθεί με τη διαφορά ανάμεσα σε έναν ταλαντούχο τραγουδιστή που γεννήθηκε με το χάρισμα της μουσικής, και σε έναν άλλο που απλά έμαθε να τραγουδά πρόσφατα. Ο πρώτος μπορεί να μάθει ένα τραγούδι ακούγοντάς το μόνο μια φορά, ενώ ο δεύτερος χρειάζεται να αφιερώσει χρόνο και προσπάθεια.

58.   Εφόσον τα πάντα είναι μέρος του Θεού, κάθε άνθρωπος είναι, επίσης, και μια θεϊκή ενσάρκωση. Εντούτοις, οι άνθρωποι που δεν γνωρίζουν ότι είναι μέρος του Θεού σκέφτονται ως εξής: «Εγώ είμαι το σώμα. Αυτό είναι το σπίτι και η ιδιοκτησία μου». Οι άνθρωποι αυτοί είναι τζίβας (ατομικές ψυχές).

59.   Η κάθοδος του Θεού σε ανθρώπινη μορφή ονομάζεται άβαταρ (θεϊκή ενσάρκωση). Ο άβαταρ έχει φτάσει σε επίπεδα ολοκλήρωσης πέρα από τα ανθρώπινα δεδομένα. Εφόσον ο άβαταρ είναι ένα με την φύση, ο νους του δεν μοιάζει με τον κοινό νου των υπόλοιπων ανθρώπων. Όλοι οι ανθρώπινοι νόες είναι μέρος του Νου της θεϊκής ενσάρκωσης. Η θεϊκή ενσάρκωση είναι ο συμπαντικός νους. Ο άβαταρ είναι πέρα απ' όλα τα ζεύγη των αντιθέτων, όπως η αγνότητα και η ρυπαρότητα, η χαρά και η λύπη.

60.   Δεν υπάρχουν περιορισμοί για μια θε-
ϊκή ενσάρκωση. Ένας άβαταρ του Μπράχμαν
(του Απόλυτου Όντος) μοιάζει με παγόβουνο
στη μέση του ωκεανού. Η πληρότητα της θεϊ-
κής δύναμης δεν είναι δυνατόν να περιοριστεί
μέσα σε ένα ανθρώπινο σώμα. Ο Θεός, όμως,
μπορεί να λειτουργεί κατά βούληση μέσα από
ένα τέτοιο σώμα. Αυτή την ιδιότητα, μόνο μια
θεϊκή ενσάρκωση τη διαθέτει.

61.   Οι θεϊκές ενσαρκώσεις βοηθούν τους
ανθρώπους να έρθουν πιο κοντά στο Θεό. Για
το δικό σας καλό και μόνο ο Θεός παίρνει μορ-
φή. Ένας άβαταρ δεν είναι το σώμα, μολονότι
εξωτερικά φαίνεται ότι είναι.

62.   Όπου κι αν πάει ο μαχάτμα, οι άν-
θρωποι μαζεύονται γύρω του. Οι άνθρωποι
ελκύονται από αυτόν, όπως η σκόνη από τον
ανεμοστρόβιλο. Η αναπνοή του μαχάτμα,

ακόμη και το αεράκι που αγγίζει το σώμα του, ωφελεί τον κόσμο.

63.　　Παιδιά μου, ο Χριστός σταυρώθηκε και ο Κρίσνα σκοτώθηκε από ένα βέλος. Αυτά συνέβησαν με τη θέλησή τους. Κανείς δεν μπορεί να πλησιάσει έναν άβαταρ ενάντια στη θέλησή του. Ο Κρίσνα και ο Χριστός μπορούσαν να κάνουν στάχτη τους εχθρούς τους, αλλά δεν το έκαναν. Ενσαρκώθηκαν στα σώματά τους μόνο και μόνο για να δώσουν το παράδειγμα στον κόσμο. Ήρθαν για να δείξουν το νόημα της αυτοθυσίας.

64.　　Σαννυάσιν (μοναχός ή μοναχή) είναι εκείνος που έχει απαρνηθεί τα εγκόσμια. Οι σαννυάσιν υπομένουν και συγχωρούν τα λάθη των ανθρώπων, καθοδηγώντας τους με αγάπη στο σωστό μονοπάτι. Δίνουν το παράδειγμα της αυτοθυσίας. Βιώνουν πάντα ευδαιμονία και η ευτυχία τους δεν εξαρτάται από εξωτερικά

αντικείμενα. Είναι ευτυχισμένοι όντας εδραιω-
μένοι στον δικό τους Εαυτό.

65.   Ένας ενήλικας που περπατά μαζί με ένα
μικρό παιδί κρατώντας το απ' το χέρι, θα πρέπει
να περπατά αργά και να κάνει μικρά βήματα,
διαφορετικά το παιδί θα πέσει. Κατά τον ίδιο
τρόπο, για να μπορέσει κάποιος να εξυψώσει
πνευματικά τους κοινούς ανθρώπους, θα πρέπει
πρώτα να κατέβει στο δικό τους επίπεδο. Ένας
αναζητητής δεν θα πρέπει να περηφανεύεται
σκεπτόμενος «είμαι ένας σαννυάσιν!» Αντίθετα,
θα πρέπει να δίνει το παράδειγμα στον κόσμο.

66.   Κατά τη διάρκεια της ζωής Του, ο Κρί-
σνα έπαιξε πολλούς ρόλους – του βοσκού, του
βασιλιά, του αγγελιοφόρου, του οικογενειάρ-
χη και του αρματηλάτη. Ποτέ δεν ενήργησε
απερίσκεπτα, έχοντας τη στάση «εγώ είμαι ο
Βασιλιάς!» Ο Κρίσνα δίδαξε πώς μπορούμε
να καθοδηγήσουμε τους άλλους, λαμβάνοντας

υπόψη τα σαμσκάρα τους (τη νοητική τους ιδιοσυγκρασία). Μόνο τέτοιες μεγάλες ψυχές μπορούν να καθοδηγήσουν τον κόσμο.

67.   Υπάρχουν άνθρωποι που φορούν τον πορτοκαλί μανδύα και δηλώνουν περήφανα: «Είμαι ένας σαννυάσιν!» Αυτοί οι άνθρωποι είναι όπως τα άγρια φυτά κολοκάσια[2]: Οι άγριες και οι τεχνητά καλλιεργημένες ποικιλίες έχουν την ίδια εμφάνιση, τα φυτά της άγριας ποικιλίας, όμως, δεν έχουν βολβούς όταν ξεριζωθούν. Το πορτοκαλί είναι το χρώμα της φωτιάς. Μόνο εκείνοι οι οποίοι έχουν κάψει την ταύτιση με το σώμα αρμόζει να φορούν αυτή την ενδυμασία.

---

2   (Σ.τ.Μ.) Είδος γλυκοπατάτας που ευδοκιμεί σε τροπικά κλίματα.

Οι γραφές

68.   Παιδιά μου, οι ιερές γραφές είναι οι εμπειρίες των ρίσι (φωτισμένων σοφών) της αρχαιότητας. Δεν μπορούμε να τις κατανοήσουμε μέσω της διάνοιας. Μπορούμε μόνο να τις συνειδητοποιήσουμε μέσω της εμπειρίας.

69.   Δεν χρειάζεται να μελετήσουμε όλες τις γραφές· είναι απέραντες σαν τον ωκεανό. Πρέπει μόνο να συλλέξουμε τις βασικές αρχές των γραφών, σαν να μαζεύουμε μαργαριτάρια από το βυθό της θάλασσας. Ο άνθρωπος που μασάει ένα κομμάτι ζαχαροκάλαμο, καταπίνει μόνο το χυμό του και μετά φτύνει το κοτσάνι.

70.   Μόνο όσοι έχουν κάνει πνευματική άσκηση μπορούν να αντιληφθούν τις λεπτές έννοιες των γραφών.

71.   Η μελέτη των γραφών από μόνη της, δεν θα οδηγήσει τον αναζητητή στην τελειότητα. Για να θεραπευθείτε από μια ασθένεια, δεν αρκεί να διαβάσετε τις οδηγίες που αναγράφονται στο μπουκάλι του φαρμάκου. Πρέπει να πάρετε το φάρμακο. Δεν μπορούμε να φτάσουμε στην απελευθέρωση διαβάζοντας μόνο τις γραφές. Η πρακτική είναι απαραίτητη.

72.   Είναι προτιμότερο να διαλογίζεστε και να μελετάτε παράλληλα και τις γραφές, παρά να διαλογίζεστε χωρίς τη βοήθεια της γνώσης που περιέχουν τα ιερά κείμενα. Αν ταραχτεί ο νους ενός ανθρώπου που μελετά τις γραφές, αυτός δεν θα πέσει σε κατάθλιψη, αλλά θα καταφέρει να ανακτήσει την εσωτερική του δύναμη, στοχαζόμενος τα λόγια των γραφών. Αυτά θα τον βοηθήσουν να ξεπεράσει τις αδυναμίες του. Μόνο όσοι συνδυάζουν την πνευματική άσκηση με την μελέτη των γραφών, μπορούν πραγματικά να υπηρετήσουν τον κόσμο με ανιδιοτέλεια.

73. Η μελέτη των γραφών είναι σε κάποιο βαθμό απαραίτητη. Κάποιος που έχει σπουδάσει γεωπονική, μπορεί εύκολα να φυτέψει και να καλλιεργήσει ένα φοινικόδεντρο. Αν εμφανιστούν τα συμπτώματα κάποιας ασθένειας, γνωρίζει το κατάλληλο φάρμακο και πώς να περιποιηθεί το δέντρο.

74. Ζωγραφίζοντας απλά μια καρύδα, δεν μπορούμε να σβήσουμε την δίψα μας. Για να μαζέψουμε καρύδες, πρέπει πρώτα να καλλιεργήσουμε και να περιποιηθούμε ένα φοινικόδεντρο. Κατά τον ίδιο τρόπο, για να βιώσουμε τις εμπειρίες που περιγράφονται στις γραφές, πρέπει να ασκούμαστε πνευματικά.

75. Όποιος περνά το χρόνο του μαθαίνοντας αποκλειστικά και μόνο τα λόγια των γραφών, χωρίς να κάνει καμία πνευματική άσκηση, μοιάζει με τον ανόητο που νομίζει ότι τα σχέδια ενός σπιτιού θα του προσφέρουν στέγη.

76.   Αν ένας ταξιδιώτης γνωρίζει την δι-
αδρομή που θα ακολουθήσει, το ταξίδι του
θα είναι εύκολο και θα φθάσει γρήγορα στον
προορισμό του. Παιδιά μου, οι γραφές είναι
οι χάρτες οι οποίοι μας δείχνουν το μονοπάτι
που πρέπει να ακολουθήσουμε για να φτάσουμε
στον πνευματικό μας στόχο.

77.   Το άτομο που έχει επιλέξει την πνευ-
ματική ζωή, δεν θα πρέπει να περνά πάνω από
τρεις ώρες τη μέρα μελετώντας τις γραφές. Ο
υπόλοιπος χρόνος θα πρέπει να αφιερώνεται
στην επανάληψη του μάντρα και το διαλογισμό.

78.   Η υπερβολική ενασχόληση με την
μελέτη των γραφών θα γίνεται εμπόδιο στην
προσπάθειά σας να διαλογιστείτε. Επιπλέον,
θα δημιουργήσει στο νου σας την επιθυμία να
διδάξετε τους άλλους ανθρώπους. Πιθανόν να
σκέπτεστε: «Είμαι το Μπράχμαν (το Υπέρτατο
Ον), γιατί λοιπόν να διαλογίζομαι;» Ακόμα και

όταν προσπαθείτε να καθίσετε για διαλογισμό, ο νους σας δεν θα το επιτρέπει και θα σας αναγκάζει να σηκώνεστε.

79.   Παιδιά μου, τι θα κερδίσετε περνώντας όλη σας την ζωή μελετώντας τις γραφές; Για να γευτεί κάποιος τη ζάχαρη, δεν χρειάζεται να φάει ένα ολόκληρο σακί. Μια κουταλιά είναι αρκετή.

80.   Ο σπόρος που βρίσκεται στην αποθήκη πιστεύει ότι είναι αυτάρκης. Αναρωτιέται: «Γιατί άραγε θα πρέπει να μπω στο χώμα;» Δεν γνωρίζει ότι μόνο όταν αφήσει την αποθήκη και φυτρώσει στο έδαφος, μπορεί να πολλαπλασιασθεί και να γίνει χρήσιμος. Αν παραμείνει στην αποθήκη, θα γίνει μόνο τροφή για τα ποντίκια. Οι άνθρωποι που μελετούν αποκλειστικά και μόνο τις γραφές, χωρίς να κάνουν καμία πνευματική άσκηση, μοιάζουν με το σπόρο που παραμένει στην αποθήκη. Χωρίς την πνευματική άσκηση,

πώς θα είναι σε θέση να αξιοποιήσουν αυτή τη γνώση με τον κατάλληλο τρόπο; Τέτοιοι άνθρωποι μοιάζουν με παπαγάλους. Γνωρίζουν μόνο να παπαγαλίζουν: «Είμαι το Μπράχμαν, είμαι το Μπράχμαν.»

Γκυάνα, μπάκτι και κάρμα γιόγκα

Τα μονοπάτια της γνώσης, της αφοσίωσης και της δράσης

81.   Σε ένα άτομο μπορεί να αρέσει το τζάκφρουτ[3] ωμό, σε ένα άλλο βραστό, ενώ κάποιο άλλο μπορεί να το προτιμά τηγανιτό. Παρότι οι προτιμήσεις διαφέρουν, όλοι τρώνε το φρούτο για να χορτάσουν την πείνα τους. Παρομοίως, ο κάθε άνθρωπος ακολουθεί ένα διαφορετικό μονοπάτι για να γνωρίσει τον Θεό. Παιδιά μου, όποιο μονοπάτι κι αν διαλέξετε, ο σκοπός είναι ο ίδιος: Η πραγμάτωση του Θεού (η Αυτοπραγμάτωση).

82.   Η αφοσίωση χωρίς τη σωστή κατανόηση των βασικών αρχών της πνευματικότητας

---

3 (Σ.τ.Μ.) Τροπικό φρούτο που ευδοκιμεί σε ασιατικές χώρες, λέγεται και αρτόκαρπος.

οδηγεί μονάχα στην προσκόλληση· δεν μπορεί
να σας χαρίσει την απελευθέρωση. Το γιασεμί
δεν αναπτύσσεται προς τα πάνω. Απλώνει τα
κλαδιά του δεξιά-αριστερά και προσκολλάται
σε άλλα δέντρα.

83.   Η γνώση χωρίς την αφοσίωση είναι σαν
μια τροφή που περιέχει πέτρες.

84.   Όταν κάποιος έχει αληθινή αφοσίωση,
ριζωμένη στις θεμελιώδεις αρχές της πνευμα-
τικότητας, τότε αναζητά καταφύγιο στον έναν
Θεό, ο οποίος έχει εκδηλωθεί ως τα πάντα
μέσα στη Δημιουργία. Ο αληθινός πιστός έχει
ανιδιοτελή αγάπη και γνωρίζει ότι ο Θεός είναι
ένας για όλους. Έχοντας τον στόχο ξεκάθαρα
στο νου μας, πρέπει να προχωράμε μπροστά.
Αν ο προορισμός κάποιου είναι στην ανατολή,
είναι μάταιο να περπατά προς τη δύση.

85.   Παιδιά μου, ο στόχος της ζωής είναι η Αυτοπραγμάτωση. Αγωνιστείτε να τον πετύχετε! Το φάρμακο πρέπει να απλώνεται στην πληγή, μόνο αφού αυτή καθαριστεί. Αν η πληγή δεν έχει καθαριστεί, δεν πρόκειται να επουλωθεί και μπορεί, μάλιστα, να μολυνθεί. Κατά τον ίδιο τρόπο, μόνο όταν ξεπλύνετε το εγώ με τα καθαρά νερά της αφοσίωσης και της αγάπης, η υπέρτατη γνώση μπορεί να εισχωρήσει μέσα σας. Μόνο τότε θα αναπτυχθείτε πνευματικά.

86.   Αν το βούτυρο λιώσει, δεν θα ταγγίσει. Αν αρνιόταν να λιώσει, δηλώνοντας περήφανα «εγώ είμαι το βούτυρο!», θα χαλούσε σύντομα αναδίδοντας δυσοσμία. Παιδιά μου, ο εγωισμός και οι άλλες ακαθαρσίες του νου μας, λιώνουν μόνο μέσω της αφοσίωσης.

87.   Κάποιοι άνθρωποι αναρωτιούνται γιατί η Άμμα δίνει τόσο μεγάλη σημασία στη μπάκτι γιόγκα (το μονοπάτι της αφοσίωσης και

της αγάπης). Παιδιά μου, ακόμα και ο Σανκα-
ρατσάρυα, ο οποίος θεμελίωσε τη φιλοσοφία
της Αντβαϊτά (μη δυϊσμός), στο τέλος έγραψε
τον λατρευτικό ύμνο, Σαουντάρια Λαχάρι. Ο
σοφός Βυάσα, ο οποίος συνέθεσε τα Μπράχμα
Σούτρας, έμεινε ικανοποιημένος μόνο μετά
την συγγραφή του Σριμάντ Μπαγκαβατάμ,
που υμνεί την ζωή του Σρι Κρίσνα. Κατανοώ-
ντας ότι η συζήτηση για την Αντβαϊτά και την
φιλοσοφία των Μπράχμα Σούτρας δεν είχε
πρακτική αξία για τους κοινούς ανθρώπους,
ο Σανκαρατσάρυα και ο Βυάσα συνέθεσαν τα
λατρευτικά τους έργα. Μέσα σε χιλιάδες άτομα,
ένα ή δύο μόνο μπορούν να φτάσουν στο στόχο
τους μέσω της γκυάνα γιόγκα (το μονοπάτι της
γνώσης και της σοφίας). Πώς θα μπορούσε η
Άμμα να απορρίψει όλους τους άλλους αναζη-
τητές; Για εκείνους, μόνο η μπάκτι γιόγκα θα
έχει όφελος.

88.　　Αν ακολουθήσουμε το μονοπάτι της αφοσίωσης και της αγάπης, μπορούμε να γευθούμε τον καρπό της ευδαιμονίας από το ξεκίνημα. Ακολουθώντας τα άλλα μονοπάτια, αντίθετα, η ευδαιμονία έρχεται στο τέλος. Το μονοπάτι της αφοσίωσης είναι σαν το δέντρο τζάκφρουτ, το οποίο βγάζει καρπούς από τη βάση του. Σε άλλα δέντρα, πρέπει να ανέβουμε στην κορυφή τους για να κόψουμε τους καρπούς.

89.　　Στο ξεκίνημα, πρέπει να διαθέτουμε μπάγια μπάκτι, (αφοσίωση που συνοδεύεται από δέος και ευλάβεια) προς το Θεό. Αργότερα, αυτό δεν είναι απαραίτητο. Όταν η κατάσταση της υπέρτατης αγάπης έχει επιτευχθεί, το δέος και η ευλάβεια εξαφανίζονται.

90.　　Όλοι ισχυρίζονται ότι οι πράξεις αρκούν. Για να εκτελέσεις όμως ένα έργο με το

σωστό τρόπο, η γνώση είναι απαραίτητη. Πρά-
ξη χωρίς γνώση, δεν θα είναι σωστή πράξη.

91.   Οι πράξεις που εκτελούνται με επίγνω-
ση θα σας οδηγήσουν στο Θεό. Χρειάζεται
όμως μεγάλη προσοχή και επαγρύπνηση, μόνο
έτσι θα πετύχετε τη συγκέντρωση του νου. Συ-
χνά, έχοντας ήδη κάνει κάτι, συνειδητοποιούμε
ότι θα μπορούσαμε να είχαμε δείξει μεγαλύ-
τερη προσοχή. Μετά το τέλος των εξετάσεων,
ο μαθητής σκέφτεται: «Ω, Όχι! Έπρεπε να
απαντήσω διαφορετικά!» Ποιό το όφελος να
το σκεφτόμαστε εκ των υστέρων;

92.   Παιδιά μου, κάθε πράξη πρέπει να
εκτελείται με μεγάλη προσοχή και επίγνω-
ση. Οι πράξεις που εκτελούνται χωρίς αυτές
τις ιδιότητες είναι άχρηστες. Ο πνευματικός
αναζητητής μπορεί να ανακαλέσει στη μνήμη
του λεπτομέρειες από πράξεις που έγιναν στο
παρελθόν, διότι τις είχε εκτελέσει με μεγάλη

προσοχή. Ακόμη και η εκτέλεση φαινομενικά ασήμαντων εργασ.ών, πρέπει να γίνεται με μεγάλη προσοχή.

93.   Μ.α βελόνα μπορεί να μοιάζει ασήμαντη, χρειάζεται όμως προσοχή όταν την χρησιμοποιείτε. Διαφορετικά δεν θα μπορέσετε να περάσετε την κλωστή στη τρύπα της βελόνας. Ενώ ράβετε, αν αφαιρεθείτε έστω και για ένα δευτερόλεπτο, μπορεί να τρυπήσετε το δάχτυλό σας. Ποτέ, επίσης, δεν πρέπει να πετάξετε μια βελόνα στο δρόμο, γιατί μπορεί να τρυπήσει το πόδι κάποιου περαστικού και να του προκαλέσει έντονο πόνο. Ο πνευματικός αναζητητής πρέπει να δείχνει παρόμοια επαγρύπνηση και προσοχή εκτελώντας οποιαδήποτε εργασία.

94.   Δεν πρέπει να φλυαρούμε ενώ εργαζόμαστε. Αν συζητάμε, δεν θα είμαστε συγκεντρωμένοι· εργασία που εκτελείται χωρίς συγκέντρωση ή προσοχή είναι άσκοπη.

Οποιαδήποτε εργασία κι αν κάνουμε, δεν θα πρέπει να ξεχνάμε την επανάληψη του μάντρα μας. Αν η φύση της εργασίας δεν επιτρέπει την επανάληψη του μάντρα, τότε θα πρέπει να προσευχόμαστε πριν το ξεκίνημα της εργασίας ως εξής: «Θεέ μου, μέσω της θέλησης Σου θα εκτελέσω αυτή την εργασία. Δώσε μου την δύναμη και την ικανότητα να την κάνω σωστά.»

95.   Λίγοι άνθρωποι έχουν την προδιάθεση, την οποία κληρονόμησαν από προηγούμενες ζωές, να ακολουθήσουν το μονοπάτι της γκυάνα (υπέρτατη γνώση και σοφία). Όσοι, όμως, έχουν ένα αληθινό πνευματικό Δάσκαλο, μπορούν να ακολουθήσουν οποιοδήποτε μονοπάτι.

96.   Πρώτα απ' όλα, η επαγρύπνηση και η επίγνωση είναι απαραίτητες. Αν δεν έχετε αυτές τις ιδιότητες, δεν θα μπορέσετε να δαμάσετε την εσωτερική σας φύση.

97.	Ο άνθρωπος που έχει τη σκέψη του προσηλωμένη συνέχεια στο Θεό, καθώς εκτελεί οποιαδήποτε εργασία, είναι ένας αληθινός κάρμα γιόγκι και αληθινός αναζητητής. Τέτοιοι άνθρωποι βλέπουν το Θεό σε όποια εργασία κι αν κάνουν. Ο νους τους δεν προσκολλάται στην εργασία, αλλά αναπαύεται στο Θεό.

Πραναγιάμα

Ασκήσεις αναπνοής της γιόγκα

98.   Η πραναγιάμα πρέπει να εξασκείται με
μεγάλη προσοχή. Κατά την εκτέλεση τέτοιων
ασκήσεων, ο αναζητητής πρέπει να κάθεται με
την σπονδυλική στήλη σε όρθια στάση. Οι συ-
νήθεις ασθένειες μπορούν να θεραπευθούν, όχι
όμως οι διαταραχές που έχουν προκληθεί από
την λανθασμένη πρακτική της πραναγιάμα.

99.   Η εξάσκηση στην πραναγιάμα, προκα-
λεί κίνηση των εντέρων στην περιοχή της κάτω
κοιλίας. Κάθε άσκηση πραναγιάμα πρέπει να
εκτελείται για ορισμένη χρονική διάρκεια. Αν
δεν τηρούνται οι κανόνες, το πεπτικό σύστημα
μπορεί να πάθει ανεπανόρθωτη ζημιά. Επομέ-
νως, η εξάσκηση στην πραναγιάμα πρέπει να
γίνεται μόνο υπό την επίβλεψη ενός ειδικού, που
να γνωρίζει τι ακριβώς χρειάζεται σε κάθε στά-
διο της πνευματικής άσκησης, και να μπορεί να

δίνει την αναγκαία καθοδήγηση και τα κατάλλη-
λα βότανα σε περίπτωση ανάγκης. Η εξάσκηση
στην πραναγιάμα μόνο με την καθοδήγηση των
βιβλίων, κρύβει κινδύνους. Κανείς δεν θα πρέπει
να διακινδυνεύει κάτι τέτοιο.

100.   Παιδιά μου, ο αριθμός των ασκήσεων
πραναγιάμα για το κάθε στάδιο της πνευματι-
κής άσκησης, είναι προκαθορισμένος. Αν δεν
ακολουθείτε αυτές τις οδηγίες κατά γράμμα, οι
ασκήσεις μπορεί να αποβούν επικίνδυνες. Αν
υπερβείτε τα όρια της πρακτικής, θα είναι σαν
να προσπαθείτε να μεταφέρετε το περιεχόμενο
ενός σάκου που χωράει δέκα κιλά, σε ένα σάκο
που χωρά πέντε κιλά.

101.   Κουμπάκα ονομάζεται το κράτημα
της αναπνοής, που συμβαίνει όταν πετυχαίνετε
πραγματική συγκέντρωση. Θα μπορούσατε να
πείτε ότι η αναπνοή είναι σκέψη. Επομένως, ο

ρυθμός της αναπνοής μεταβάλλεται ανάλογα με τη συγκέντρωση του νου.

102.   Η κουμπάκα επιτυγχάνεται μέσω της αφοσίωσης, ακόμα και χωρίς τις ασκήσεις πραναγιάμα. Η συνεχής επανάληψη του μάντρα είναι αρκετή από μόνη της.

Διαλογισμός

103.   Αληθινή μόρφωση ή γνώση είναι η
ικανότητα συγκέντρωσης του νου.

104.   Ο διαλογισμός πρέπει να γίνεται
εστιάζοντας την προσοχή σας στο κέντρο της
καρδιάς ή ανάμεσα στα φρύδια. Αν δεν μπο-
ρείτε να καθίσετε άνετα σε μια συγκεκριμένη
στάση, μπορεί να διαλογιστείτε εστιάζοντας
την προσοχή σας στην καρδιά. Η συγκέντρωση
στο κέντρο των φρυδιών θα πρέπει να εκτε-
λείται μόνο με την παρουσία ενός Δασκάλου,
γιατί κατά τη διάρκεια αυτής της πρακτικής το
κεφάλι σας μπορεί να ζεσταθεί και να νιώσετε
πόνο ή ζαλάδα. Μπορεί επίσης να υποφέρετε
από αϋπνίες. Ο Δάσκαλος γνωρίζει τι πρέπει
να γίνεται σε τέτοιες περιπτώσεις.

105.   Ο διαλογισμός βοηθά στην απελευ-
θέρωση του νου από την νευρικότητα και την

ένταση. Η πίστη στο Θεό δεν είναι αναγκαία
για να κάνετε διαλογισμό. Μπορείτε να εστιά-
σετε την προσοχή σας σε οποιοδήποτε μέρος
του σώματος ή σημείο. Μπορείτε επίσης να
οραματίζεστε ότι συγχωνεύεστε με το άπειρο,
όπως το ποτάμι που ενώνεται με τον ωκεανό.

106.   Η ευτυχία δεν προέρχεται από τα
εξωτερικά αντικείμενα, αλλά από τη διάλυση
του νου. Μέσω του διαλογισμού μπορούμε να
επιτύχουμε, όχι μόνο ευδαιμονία, αλλά μα-
κροβιότητα, ζωντάνια, υγεία, γοητεία, δύναμη
και ευφυΐα. Ο διαλογισμός, όμως, πρέπει να
εκτελείται σωστά σε απομόνωση, με προσοχή
και εγρήγορση.

107.   Μπορούμε να πετύχουμε αληθινή συ-
γκέντρωση και νοητική διαύγεια διαλογιζόμενοι
σε κάποια από τις μορφές του Θεού. Κατ' αυτό
τον τρόπο, τα σατβικά χαρακτηριστικά της αγα-
πημένης μας θεότητας θα αναπτυχθούν μέσα

μας, χωρίς καν να το αντιληφθούμε. Ακόμη και όταν κάθεστε άπραγοι, μην αφήνετε τον νου σας να περιπλανάται. Όπου κι αν πέσει το βλέμμα σας, να φαντάζεστε ότι αντικρίζετε εκεί την μορφή της αγαπημένης σας θεότητας.

108. Μπορείτε, επίσης, να διαλογίζεστε εστιάζοντας το βλέμμα σας πάνω σε μια φλόγα, αν το προτιμάτε. Καθίστε σε ένα σκοτεινό δωμάτιο και κοιτάξτε για αρκετή ώρα τη φλόγα ενός κεριού ή κάποια άλλη μικρή φλόγα. Η φλόγα πρέπει να είναι σταθερή. Μπορείτε να οραματίζεστε τη φλόγα στην καρδιά ή στο σημείο ανάμεσα στα φρύδια. Μετά από λίγα λεπτά, όταν κλείσετε τα μάτια σας θα βλέπετε ένα φως. Μπορείτε, επίσης, να συγκεντρωθείτε σε αυτό το φως. Μπορείτε, ακόμα, να διαλογίζεστε οραματιζόμενοι την αγαπημένη σας θεότητα να βρίσκεται μέσα στη φλόγα. Είναι, όμως, ακόμα καλύτερο να οραματίζεστε την αγαπημένη σας θεότητα να βρίσκεται μέσα σε μια θυσιαστική

φωτιά, γιατί έτσι μπορείτε να φανταστείτε ότι παραδίνετε σε αυτήν τον εγωισμό, το θυμό, τη ζήλεια, και όλα τα ελαττώματά σας.

109.   Μην σταματάτε τον διαλογισμό αν δεν μπορείτε να οραματιστείτε καθαρά την εικόνα της αγαπημένης σας θεότητας. Μπορείτε να φανταστείτε κάθε σημείο της μορφής της αγαπημένης σας θεότητας, προχωρώντας νοερά από το κεφάλι ως τα δάχτυλα του ποδιού. Προσφέρετε στη θεότητά σας ένα τελετουργικό μπάνιο. Στολίστε την με διάφορους μανδύες και στολίδια. Δώστε της τροφή με τα χέρια σας. Μέσω αυτών των οραματισμών, η μορφή της αγαπημένης σας θεότητας δεν θα ξεθωριάζει από το νου σας.

110.   Παιδιά μου, το να αναγκάζετε το νου σας να κανει διαλογισμό, είναι σαν να προσπαθείτε να βυθίσετε ένα κομμάτι ξύλο στο νερό. Μόλις το αφήσετε από τα χέρια σας, το ξύλο θα

73

βγει ξανά στην επιφάνεια. Αν δυσκολεύεστε να κάνετε διαλογισμό, να επαναλαμβάνετε απλά το μάντρα σας. Έτσι, προετοιμάζεται ο νους σας για το διαλογισμό.

111.   Στην αρχή, είναι απαραίτητος ο διαλογισμός πάνω σε μια μορφή. Με αυτό τον τρόπο, συγκεντρώνουμε το νου μας στην αγαπημένη μας θεότητα. Ανεξάρτητα από τη μέθοδο ή το αντικείμενο του διαλογισμού, αυτό που έχει σημασία είναι η συγκέντρωση. Τι νόημα έχει να στείλει κανείς ένα γράμμα με τα σωστά γραμματόσημα, αλλά με λάθος διεύθυνση; Εξίσου άσκοπος είναι ο διαλογισμός ή η επανάληψη του μάντρα, χωρίς συγκέντρωση.

112.   Όταν προσπαθούμε να ελαττώσουμε τις αρνητικές σκέψεις, τότε αυτές αρχίζουν να μας δημιουργούν προβλήματα. Πιο πριν δεν μας ενοχλούσαν, γιατί ήμασταν βυθισμένοι σε τέτοιες σκέψεις. Υιοθετώντας, όμως, μια

74

διαφορετική στάση, μπορούμε να παρατηρήσουμε τα ελαττώματά μας. Οι αρνητικές σκέψεις πάντα υπήρχαν. Απλά εμείς δεν τις προσέχαμε. Όταν αυτές οι σκέψεις αναδύονται κατά τη διάρκεια του διαλογισμού, θα πρέπει να λέμε στο νου μας: «Ποιός ο λόγος να μένεις κολλημένος σε αυτές τις σκέψεις; Είναι η αποστολή σου να σκέφτεσαι τέτοια πράγματα;» Πρέπει να χρησιμοποιούμε τη διάκριση μας με αυτό τον τρόπο. Είναι απαραίτητο να αποστασιοποιηθούμε πλήρως από τις σκέψεις και τα αντικείμενα του κόσμου. Πρέπει να καλλιεργούμε τη μη προσκόλληση και την αγάπη προς το Θεό.

113.   Παιδιά μου, αν νυστάξετε κατά τη διάρκεια του διαλογισμού, προσπαθήστε να μην σας καταβάλλει η υπνηλία. Είναι καλύτερο να σηκωθείτε και να αρχίσετε να επαναλαμβάνετε το μάντρα σας. Τότε, το τάμας (η ληθαργική κατάσταση) θα εξαφανισθεί. Στα αρχικά στάδια

του διαλογισμού, όλα τα ταμασικά χαρακτηρι-
στικά σας θα έρθουν στην επιφάνεια. Αν είστε
σε επαγρύπνηση, σταδιακά θα φύγουν. Όταν
νυστάζετε, να επαναλαμβάνετε το μάντρα σας
χρησιμοποιώντας ένα μάλα (ροζάριο). Κρα-
τώντας το μάλα κοντά στο στήθος, να επανα-
λαμβάνετε το μάντρα με αβίαστο τρόπο και με
επίγνωση. Όταν διαλογίζεστε, να μην γέρνετε
το σώμα και να μην κινείτε τα πόδια σας.

114.   Σε όποια στάση και αν βρίσκεται το
σώμα σας, καθιστή ή όρθια, η σπονδυλική
στήλη πρέπει να είναι ευθυτενής. Να μην
κάνετε διαλογισμό με την σπονδυλική στήλη
καμπουριασμένη. Ο νους είναι ένας κλέφτης,
πάντα περιμένει την ευκαιρία να σας αποσπάσει
την προσοχή. Αν στηριχθείτε κάπου, μπορεί να
αποκοιμηθείτε χωρίς να το καταλάβετε.

115.   Χρειάζονται τουλάχιστον τρία χρόνια
για να σταθεροποιηθεί στο νου σας η μορφή

πάνω στην οποία διαλογίζεστε. Στην αρχή, θα πρέπει να προσπαθείτε να συγκεντρωθείτε παρατηρώντας την εικόνα της αγαπημένης σας θεότητας. Αφού παρατηρήσετε για δέκα λεπτά τη μορφή του διαλογισμού σας, μπορείτε να διαλογιστείτε για άλλα δέκα λεπτά με τα μάτια κλειστά. Αν συνεχίσετε την πρακτική σας με αυτό τον τρόπο, σταδιακά η μορφή της αγαπημένης σας θεότητας θα ξεδιαλύνει στο νου σας.

116.   Αν η μορφή ξεθωριάζει κατά τη διάρκεια του διαλογισμού, προσπαθήστε να την οραματισθείτε ξανά. Μπορείτε επίσης να φαντάζεστε ότι τυλίγετε και ξετυλίγετε το σχοινί της τζάπα γύρω από την αγαπημένη σας θεότητα, από το κεφάλι μέχρι τα πόδια και από τα πόδια μέχρι το κεφάλι. Αυτό θα σας βοηθήσει να προσηλώσετε το νου σας πάνω στη μορφή.

117.   Αν κουβεντιάζετε μετά το διαλογισμό, είναι σαν να ξοδεύετε τα χρήματα που κερδίσατε

με κόπο, αγοράζοντας φιστίκια. Η ενέργεια που κερδίσατε μέσω του διαλογισμού θα ξοδεύεται άσκοπα.

118.　Κατά τη διάρκεια της νύχτας η ατμόσφαιρα είναι γαλήνια, γιατί τα πουλιά, τα ζώα και οι άνθρωποι του κόσμου είναι βυθισμένοι στον ύπνο. Κατά συνέπεια, υπάρχουν λιγότερες εγκόσμιες σκεπτομορφές στο περιβάλλον. Τα λουλούδια ανθίζουν αυτές τις ώρες και η ατμόσφαιρα έχει μια ξεχωριστή, αναζωογονητική ενέργεια. Αν διαλογιζόσαστε τότε, ο νους σας θα συγκεντρώνεται ευκολότερα και θα βυθίζεται στο διαλογισμό για αρκετή ώρα. Τη νύχτα οι γιόγκι παραμένουν ξύπνιοι.

119.　Όταν διαλογιζόμαστε σε μια μορφή, στην πραγματικότητα διαλογιζόμαστε στον δικό μας αληθινό Εαυτό. Το καταμεσήμερο, όταν ο ήλιος βρίσκεται κάθετα στον ουρανό, δεν υπάρχει σκιά. Ο διαλογισμός σε μια μορφή είναι κάτι παρόμοιο. Όταν φτάσουμε σε ένα ορισμένο επίπεδο, θα συγχωνευθούμε με τη μορφή του διαλογισμού μας. Όταν φτάσουμε στη κατάσταση της τελειότητας, δεν υπάρχει σκιά, ούτε δυαδικότητα ούτε ψευδαίσθηση.

Το μάντρα

120.   Αν τα μάντρα δεν είχαν δύναμη, τότε ούτε και οι λέξεις θα είχαν. Αν φωνάξουμε με θυμό σε κάποιον «Φύγε από 'δω!», η αντίδραση του θα είναι εντελώς διαφορετική από το να του πούμε ευγενικά «παρακαλώ πολύ, μπορείτε να φύγετε;» Δεν πυροδοτούν, πράγματι, αυτές οι λέξεις διαφορετικές αντιδράσεις σε αυτόν που τις ακούει;

121.   Τα μάντρα τα απαγγέλουμε για να εξαγνίσουμε το νου μας, όχι για να ικανοποιήσουμε τον Θεό. Σε τι μπορεί να ωφελήσει η επανάληψη ενός μάντρα το Θεό;

122.   Μην βασανίζετε το νου σας προσπαθώντας να αναλύσετε το νόημα του μάντρα σας. Είναι αρκετό να το επαναλαμβάνετε. Μπορεί να έρχεστε στο άσραμ με λεωφορείο, αυτοκίνητο, βάρκα ή τραίνο. Όταν, όμως, φθάσετε,

σπαταλάτε το χρόνο σας σκεπτόμενοι το μεταφορικό μέσο που χρησιμοποιήσατε; Αυτό που έχει σημασία είναι να έχετε επίγνωση του στόχου σας.

123.   Υπάρχουν διάφορα είδη ντίκσα (μύησης): Ντίκσα μέσω του βλέμματος ενός μαχάτμα, ενός αγγίγματος, μιας σκέψης, ή με ένα μάντρα. Η μύηση μέσω μάντρα θα πρέπει να δίνεται από έναν σατγκούρου (φωτισμένο Δάσκαλο). Αν ο Δάσκαλος είναι ψεύτικος, το αποτέλεσμα θα είναι σαν να προσπαθείτε να καθαρίσετε το νερό με βρώμικο φίλτρο. Αντί να το καθαρίζετε, θα το παίρνετε ακόμα πιο βρώμικο.

124.   Παιδιά μου, όταν επιβιβάζεστε σ' ένα λεωφορείο έχοντας αγοράσει το εισιτήριο, πρέπει να το κρατήσετε για να το δείξετε στον ελεγκτή όταν σας το ζητήσει. Διαφορετικά, θα σας βγάλει έξω. Παρομοίως, απλά και μόνο

επειδή πήρατε ένα μάντρα, μην νομίζετε ότι εκεί τελείωσε το έργο σας. Μόνο η σωστή χρήση του μάντρα, θα σας βοηθήσει να πετύχετε το στόχο σας.

125.   Παιδιά μου, είναι δύσκολο να κάνετε κουπί σε μια λίμνη γεμάτη με νούφαρα. Η βάρκα θα πλέει με μεγαλύτερη ευκολία αν δεν υπάρχουν νούφαρα. Κατά τον ίδιο τρόπο, θα είναι ευκολότερο να διαλογίζεστε, αν διαλύσετε τις ακαθαρσίες του νου σας με την επανάληψη του μάντρα.

126.   Είναι σημαντικό να επαναλαμβάνετε το μάντρα σας με επίγνωση. Θα πρέπει να προσπαθείτε να αποφεύγετε όλες τις άλλες σκέψεις και να προσηλώνετε το νου σας είτε στην μορφή του διαλογισμού είτε στις συλλαβές του μάντρα.

127.   Παιδιά μου, πάντοτε να επαναλαμβάνετε το μάντρα σας. Ο νους πρέπει να εκπαιδευτεί

να επαναλαμβάνει το μάντρα ασταμάτητα, έτσι ώστε, ό,τι κι αν κάνετε, το μάντρα να συνεχίζει να δονείται. Η αράχνη υφαίνει τον ιστό της όπου κι αν βρίσκεται. Παρομοίως, ενώ κάνουμε τις εργασίες μας, θα πρέπει νοητικά να συνεχίσουμε να κάνουμε τζάπα.

128.   Όσο κι αν ταΐζουμε ή χαϊδεύουμε μια γάτα, τη στιγμή που δεν θα την προσέχουμε θα κλέψει το φαγητό. Ο νους λειτουργεί με τον ίδιο τρόπο. Να προσπαθείτε να τιθασεύετε και να συγκεντρώνετε το νου σας, επαναλαμβάνοντας πάντα το μάντρα. Ενώ περπατάτε, κάθεστε ή εργάζεστε, το μάντρα πρέπει να ρέει αβίαστα μέσα σας, όπως ρέει το λάδι από το ένα δοχείο στο άλλο.

129.   Στα αρχικά στάδια της πνευματικής σας άσκησης, εκτός από το διαλογισμό πάνω σε μια μορφή, είναι επίσης απαραίτητη η επανάληψη ενός μάντρα. Μην ανησυχείτε αν δεν

βλέπετε καθαρά τη μορφή στο νου σας. Αρκεί να επαναλαμβάνετε το μάντρα σας. Όσο προοδεύετε στην πρακτική σας, ο νους σταδιακά θα προσηλώνεται στη μορφή και η επανάληψη του μάντρα θα επιβραδύνεται αυθόρμητα.

130.   Παιδιά μου, δεν είναι απαραίτητο να επαναλαμβάνετε όλα τα διαφορετικά Σαχασρανάμα (το Σαχασρανάμα είναι συλλογή ονομάτων που περιγράφουν διαφορετικές όψεις μιας θεότητας). Οποιοδήποτε από αυτά είναι αρκετό. Κάθε Σαχασρανάμα περιέχει τα πάντα.

131.   Παιδιά μου, όποτε ο νους σας είναι ταραγμένος, να επαναλαμβάνετε το μάντρα σας. Διαφορετικά η ταραχή θα αυξάνεται. Όταν ο νους δεν είναι ήρεμος, ψάχνει ικανοποίηση σε κάποιο από τα εξωτερικά αντικείμενα, και όταν αποτύχει, θα την αναζητήσει σε κάποιο άλλο. Τα εξωτερικά αντικείμενα δεν μπορούν να σας χαρίσουν την ειρήνη του νου. Μόνο

προσηλώνοντας τη σκέψη σας στο Θεό και επα-
ναλαμβάνοντας το μάντρα σας, θα γαληνέψετε
το νου σας. Η ανάννωση πνευματικών βιβλίων
είναι επίσης πολύ ωφέλιμη.

132.   Τα παιδιά μαθαίνουν να μετράνε χρη-
σιμοποιώντας το αριθμητήριο. Αυτή η μέθοδος
είναι αποτελεσματική για γρήγορη εκμάθηση.
Κατά τον ίδιο τρόπο, όταν αρχίζετε να μαθαί-
νετε πώς να ελέγχετε το νου σας, είναι καλό να
επαναλαμβάνετε το μάντρα σας χρησιμοποιώ-
ντας ένα μάλα. Αργότερα δεν θα το χρειάζεστε.
Αν επαναλαμβάνετε τακτικά το μάντρα, αυτό θα
γίνει κομμάτι του εαυτού σας. Ακόμα και κατά
τη διάρκεια του ύπνου, η επανάληψη του μάντρα
θα συνεχίζεται χωρίς να το αντιλαμβάνεστε.

133.   Όσο διαλογισμό κι αν κάνουμε, όσο
κι αν επαναλαμβάνουμε το μάντρα, αν δεν
αγαπάμε τον Θεό, η πνευματική μας άσκηση
θα είναι άκαρπη. Όση προσπάθεια και αν

καταβάλλουμε κάνοντας κουπί αντίθετα στο ρεύμα του ποταμού, η βάρκα θα προχωρά πολύ αργά. Αν όμως σηκώσουμε πανί, η βάρκα θα αυξήσει ταχύτητα αμέσως. Η αγάπη προς το Θεό είναι σαν το πανί που μας βοηθά να προχωρήσουμε γρήγορα προς τον στόχο μας. Θα μας βοηθήσει να τον φτάσουμε πολύ εύκολα.

Λατρευτικά τραγούδια

134.   Σε αυτή την Κάλι γιούγκα (σκοτεινή εποχή), η επανάληψη των μάντρα και τα λατρευτικά τραγούδια είναι πολύ αποτελεσματικές πρακτικές. Τα χρήματα που κέρδιζε κανείς την παλιά εποχή πουλώντας 1.000 εκτάρια γης, τα κερδίζει σήμερα πουλώντας μονάχα ένα. Αυτό είναι ένα σημάδι της Κάλι γιούγκα. Παιδιά μου, αν καταφέρνετε να συγκεντρώσετε το νου σας ακόμα και για πέντε μόνο λεπτά, αυτό είναι πολύ σημαντικό.

135.   Το σούρουπο, όταν η μέρα συναντά τη νύχτα, η ατμόσφαιρα είναι γεμάτη από ακάθαρτες δονήσεις. Για έναν αναζητητή αυτή είναι η καλύτερη ώρα για διαλογισμό, γιατί μπορεί να πετύχει βαθιά συγκέντρωση. Αν δεν κάνετε πνευματική άσκηση κατά το ηλιοβασίλεμα, οι κοσμικές σκέψεις θα σας επηρεάσουν. Γι' αυτό το λόγο, λέγεται ότι τα λατρευτικά τραγούδια

πρέπει να τραγουδιούνται δυνατά εκείνη την ώρα. Τα τραγούδια εξαγνίζουν ταυτόχρονα αυτούς που τα τραγουδούν και το περιβάλλον.

136.   Επειδή η ατμόσφαιρα την εποχή της Κάλι γιούγκα είναι γεμάτη από ήχους, τα λατρευτικά τραγούδια είναι αποτελεσματικότερα από το διαλογισμό, ο οποίος απαιτεί ήσυχο περιβάλλον, για να πετύχουμε τη συγκέντρωση του νου. Τραγουδώντας δυνατά τα μπάτζαν (λατρευτικά τραγούδια), μπορούμε να αγνοήσουμε άλλους ήχους που μας αποσπούν την προσοχή και να πετύχουμε τη συγκέντρωση. Ο διαλογισμός είναι κάτι πέρα από την συγκέντρωση. Η σωστή σειρά είναι η εξής: λατρευτικά τραγούδια, συγκέντρωση και μετά διαλογισμός. Παιδιά μου, διαλογισμός είναι η συνεχής ενθύμηση του Θεού.

137.   Το να τραγουδάτε λατρευτικά τραγούδια χωρίς συγκέντρωση είναι σπατάλη

ενέργειας. Όταν, όμως, τα τραγουδάτε με συ-
γκέντρωση, ωφελείστε όχι μόνο εσείς, αλλά και
όσοι σας ακούν, ακόμα και η φύση. Σταδιακά,
τα τραγούδια αυτά θα βοηθήσουν στην αφύπνι-
ση του νου όσων τα ακούν.

Κανόνες πνευματικής πειθαρχίας

138.   Παιδιά μου, όπως η ακτή σταματά τα κύματα της θάλασσας, έτσι και η τήρηση κανόνων πειθαρχίας στο πνευματικό μονοπάτι ελέγχει τα κύματα του νου.

139.   Σε συγκεκριμένες μέρες (π.χ. εκαντάσι και κατά τη διάρκεια της πανσελήνου), υπάρχουν περισσότερες αρνητικές δονήσεις στην ατμόσφαιρα. Κατά τη διάρκεια τέτοιων ημερών, είναι καλό να παραμένετε σε σιωπή και να τρώτε μόνο φρούτα. Τα φρούτα με φλούδα δύσκολα μολύνονται από τις αρνητικές δονήσεις της ατμόσφαιρας. Ειδικά αυτές τις μέρες, είναι σημαντικό να κάνετε πνευματικές πρακτικές και να προσπαθείτε να πετύχετε περισσότερη συγκέντρωση, είτε οι σκέψεις σας είναι πνευματικές είτε εγκόσμιες.

140.   Είναι καλό για τον πνευματικό αναζη-
τητή να κάνει καθαρισμό του πεπτικού συστή-
ματος, τουλάχιστον δυο φορές τον μήνα. Τα
συσσωρευμένα κόπρανα στα έντερα δημιουρ-
γούν αναστάτωση και αρνητικότητα στο νου.
Με τον καθαρισμό, εξαγνίζεται όχι μόνο το
σώμα, αλλά και ο νους.

141.   Μια φορά την εβδομάδα, να παραμένε-
τε σιωπηλοί και να τρώτε μόνο φρούτα. Αφιερώ-
στε αυτή τη μέρα σε διαλογισμό και επανάληψη
του μάντρα σας. Αυτό θα ωφελήσει το σώμα,
το νου και την πνευματική σας άσκηση.

142.   Είναι ωφέλιμο για τον αναζητητή που
είναι τακτικός στην πνευματική του άσκηση, να
νηστεύει περιστασιακά. Η νηστεία προετοιμάζει
το νου και το σώμα για τον διαλογισμό. Εκεί-
νοι, όμως, που κάνουν κουραστική εργασία και
παράλληλα διαλογίζονται, πρέπει να νηστεύουν
με μέτρο. Καλό είναι να προσαρμόζουν τη

διατροφή τους στις ανάγκες τους. Τα φρούτα είναι μια καλή επιλογή.

143.   Οι αναζητητές πρέπει να επιλέγουν προσεκτικά την κάθε τους λέξη. Πρέπει να μιλούν με συγκρατημένο τρόπο, έτσι ώστε οι ακροατές τους να μπορούν να τους παρακολουθήσουν μόνο εφόσον έχουν το νου και τις αισθήσεις τους σε εγρήγορση.

144.   Παιδιά μου, ένας άνθρωπος που είναι άρρωστος πρέπει να υποβληθεί σε ορισμένους περιορισμούς για να μπορέσει να αναρρώσει. Ο αναζητητής πρέπει, επίσης, να υποβάλλεται σε ορισμένους περιορισμούς μέχρι να πετύχει τον στόχο του, όπως για παράδειγμα να μιλά όσο το δυνατόν λιγότερο και να ελέγχει την διατροφή του.

145.   Η τήρηση των κανόνων πνευματικής πειθαρχίας δεν είναι ένδειξη αδυναμίας. Μόνο

οι ξύλινες σανίδες που λυγίζουν είναι χρήσιμες για την κατασκευή μιας βάρκας. Επιπλέον, πρέπει να θερμανθούν για να λυγίσουν. Παρομοίως, με την πνευματική πειθαρχία, αποκτούμε τον έλεγχο του νου. Αν δεν τιθασεύσουμε το νου, είναι αδύνατο να ελέγξουμε και το σώμα.

Υπομονή και αυτοπειθαρχία

146.   Παιδιά μου, η πνευματική ζωή είναι κατάλληλη μόνο για τον άνθρωπο που έχει υπομονή.

147.   Δεν μπορείτε να εκτιμήσετε την πνευματική πρόοδο κάποιου ανθρώπου, παρατηρώντας αποκλειστικά και μόνο τις πράξεις του. Η πνευματική εξέλιξη του ανθρώπου φαίνεται, ως ένα βαθμό, από τις αντιδράσεις του απέναντι στις αντιξοότητες της ζωής.

148.   Πώς μπορεί ένας άνθρωπος, ο οποίος εκνευρίζεται με μικροπράγματα, να γίνει παράδειγμα προς μίμηση; Μόνο κάποιος που έχει υπομονή μπορεί να καθοδηγήσει τους άλλους. Το εγώ πρέπει να εξαλειφθεί εντελώς. Ανεξάρτητα από το πόσα άτομα κάθονται πάνω σε μια καρέκλα, αυτή δεν παραπονιέται. Κατά τον ίδιο τρόπο, όσοι άνθρωποι κι αν θυμώνουν μαζί μας,

εμείς πρέπει να αναπτύσσουμε τη δύναμη να υπομένουμε και να συγχωρούμε. Διαφορετικά, δεν έχει νόημα να κάνουμε πνευματική άσκηση.

149.   Όταν σας κατακλύζει ο θυμός, η ενέργεια που κερδίζετε από την πνευματική άσκηση πάει χαμένη. Ένα αυτοκίνητο που κινείται με σταθερή ταχύτητα καταναλώνει λιγότερα καύσιμα. Αν όμως σταματάμε και ξεκινάμε κάθε τόσο, η κατανάλωση θα αυξηθεί. Παρομοίως, ο θυμός αποστραγγίζει την ενέργεια από κάθε πόρο του σώματός σας.

150.   Κάθε φορά που χρησιμοποιούμε έναν αναπτήρα, το αέριο του μειώνεται, μολονότι δεν το αντιλαμβανόμαστε άμεσα. Κατά τον ίδιο τρόπο, η ενέργεια που έχουμε αποκτήσει μέσω καλών σκέψεων, μπορεί να χαθεί με πολλούς τρόπους. Για παράδειγμα, όταν θυμώνουμε χάνουμε όλη την ενέργεια που κερδίσαμε μέσω της πνευματικής άσκησης. Όταν μιλάμε,

η ενέργεια μας διασκορπίζεται μέσω του στόματος. Ο θυμός, όμως, εξανεμίζει την ενέργεια μας και από τα μάτια, τα αυτιά και κάθε πόρο του σώματός μας.

151.   Είναι σημαντικό για τον πνευματικό αναζητητή να τηρεί ένα αυστηρό πρόγραμμα. Να επαναλαμβάνει το μάντρα του και να διαλογίζεται την ίδια ώρα καθημερινά και με σταθερή διάρκεια. Καλλιεργείστε τη συνήθεια να κάνετε τις πρακτικές σας κάθε μέρα την ίδια ώρα. Αυτή η συνήθεια θα επιταχύνει την πρόοδο σας.

152.   Οι άνθρωποι που έχουν την συνήθεια να πίνουν τσάι κάθε μέρα την ίδια ώρα, αν μια μέρα δεν το κάνουν, αισθάνονται ταραχή και ανυπομονησία. Παρομοίως, όσοι έχουν ένα τακτικό πρόγραμμα πνευματικής πειθαρχίας, το ακολουθούν ευλαβικά κάθε μέρα την ίδια ώρα.

Ταπεινότητα

153.　　Κατά τη διάρκεια ενός κυκλώνα, τεράστια δέντρα ξεριζώνονται και κτίρια καταρρέουν. Η ορμή του κυκλώνα, όμως, δεν μπορεί να καταστρέψει το απλό γρασίδι. Αυτό είναι το μεγαλείο της ταπεινότητας, παιδιά μου.

154.　　Η ταπεινότητα δεν είναι ένδειξη αδυναμίας. Πρέπει να έχουμε την μεγαλοψυχία να υποκλινόμαστε ακόμη και στο γρασίδι. Όταν πηγαίνεις στο ποτάμι και είσαι απρόθυμος να υποκλιθείς στο νερό (δηλαδή να βουτήξεις μέσα στο νερό) και να πλυθείς, το σώμα σου θα παραμείνει βρώμικο. Ο πνευματικός αναζητητής που αρνείται να δείχνει ταπεινότητα απέναντι στους συνανθρώπους του, εμποδίζει την εξάλειψη της άγνοιας του.

155.　　Οι άνθρωποι ισχυρίζονται με υπεροψία, ότι με το πάτημα ενός κουμπιού μπορούν να καταστρέφουν τον κόσμο. Όμως, πριν το πάτημα του κουμπιού, είναι απαραίτητη η κίνηση του χεριού. Ποτέ δεν αναλογιζόμαστε ποια είναι η Δύναμη που κρύβεται πίσω από αυτή την κίνηση.

156.   Η ανθρωπότητα ισχυρίζεται ότι έχει κατακτήσει όλο τον κόσμο. Δεν έχουμε την ικανότητα να μετρήσουμε ούτε τους κόκκους της άμμου που βρίσκονται κάτω από τα πόδια μας, και όμως συνεχίζουμε να νομίζουμε ότι έχουμε κατακτήσει τον κόσμο!

157.   Ας υποθέσουμε ότι κάποιος θυμώνει μαζί σας χωρίς λόγο. Ως πνευματικός αναζητητής, πρέπει να αντιδράσετε με ταπεινότητα απέναντι σε αυτό το άτομο, κατανοώντας ότι αυτό που συμβαίνει είναι ένα παιχνίδι του Θεού, που σκοπό έχει να σας δοκιμάσει. Μόνο όταν το πετύχετε αυτό, θα έχετε πραγματικά ωφεληθεί από τον διαλογισμό.

158.　Ακόμα κι όταν ο άνθρωπος κόβει ένα δέντρο, εκείνο συνεχίζει να του χαρίζει τη σκιά του. Ο πνευματικός άνθρωπος πρέπει να είναι σαν το δέντρο. Μόνο εκείνος που προσεύχεται για την ευμερία των άλλων, ακόμα και εκείνων που τον έβλαψαν, μπορεί πραγματικά να αποκαλείται πνευματικός αναζητητής.

Εγωισμός και επιθυμία

159.   Το εγώ εκδηλώνεται μέσω της επιθυμίας και της ιδιοτέλειας. Δεν εμφανίζεται με φυσικό τρόπο, είναι ένα δημιούργημα.

160.   Ας υποθέσουμε ότι πηγαίνετε να εισπράξετε τα χρήματα που κάποιος σας χρωστάει. Περιμένετε να πάρετε διακόσιες ρουπίες, αλλά τελικά σας δίνει μόνο πενήντα. Θυμώνετε τόσο πολύ που ορμάτε στον οφειλέτη και τον χτυπάτε. Μετά από αυτό το συμβάν, σας πηγαίνουν στο δικαστήριο. Δεν οφείλεται ο θυμός σας στην άρνηση του οφειλέτη να σας δώσει το ποσό που περιμένατε; Όταν τιμωρηθείτε για την πράξη σας, ποιός ο λόγος να ρίχνετε το φταίξιμο στο Θεό; Εξαιτίας των προσδοκιών μας θυμώνουμε, και εξαιτίας των επιθυμιών μας υποφέρουμε. Αυτό είναι το αποτέλεσμα της εξάρτησης μας από τις επιθυμίες.

161.   Η πνοή της Θείας χάρης δεν μπορεί
να μας εξυψώσει, όσο κουβαλάμε το βάρος του
εγώ και των επιθυμιών μας. Επομένως, πρέπει
να ελαφρύνουμε το φορτίο αυτό.

162.   Στα κλαδιά ενός δέντρου που έχει ρίξει
τα φύλλα του, ανθίζουν πολλά μπουμπούκια.
Σε άλλα δέντρα, όμως, τα άνθη είναι λιγοστά.
Παιδιά μου, όταν απελευθερωθούμε ολοκλη-
ρωτικά από τις αρνητικές μας τάσεις, όπως ο
εγωκεντρισμός, η ιδιοτέλεια και η ζήλεια, θα
μπορέσουμε να γνωρίσουμε το Θεό.

163.   Ο πνευματικός αναζητητής δεν πρέπει
να έχει ίχνος εγωισμού. Ο εγωισμός είναι σαν
ένα σκουλήκι που ρουφάει το νέκταρ μέσα
από τα άνθη. Αν το σκουλήκι παραμείνει στο
δέντρο, θα καταστρέψει τα φρούτα. Κατά τον
ίδιο τρόπο, αν ο εγωισμός σας αφεθεί ελεύθερος
να αναπτυχθεί, θα καταστρέψει όλες τις καλές
σας ιδιότητες.

164.   Υπάρχει μεγάλη διαφορά ανάμεσα στις επιθυμίες ενός πνευματικού αναζητητή και τις επιθυμίες ενός ανθρώπου του κόσμου. Οι επιθυμίες παρασύρουν τους ανθρώπους του κόσμου σαν τα κύματα, η μία μετά την άλλη, και τους δημιουργούν συνεχώς προβλήματα. Οι επιθυμίες αυτές δεν έχουν τέλος. Ο πνευματικός αναζητητής, όμως, έχει μόνο μια επιθυμία, η οποία, όταν εκπληρωθεί, είναι και η τελευταία.

165.   Ακόμη και ο «εγωισμός» ενός πνευματικού ανθρώπου ωφελεί τον κόσμο. Κάποτε ζούσαν δυο παιδιά σε ένα χωριό. Ένας διερχόμενος σαννυάσιν έδωσε και στα δύο σπόρους. Το πρώτο παιδί έψησε τους σπόρους και τους έφαγε, χορταίνοντας την πείνα του. Ήταν ένας άνθρωπος του κόσμου. Το δεύτερο παιδί έσπειρε τους σπόρους και απέκτησε μεγάλη σοδειά, την οποία στη συνέχεια μοίρασε στους πεινασμένους ανθρώπους. Μολονότι και τα δύο παιδιά κράτησαν για τον εαυτό τους αυτό

που τους προσφέρθηκε, η στάση του δεύτερου παιδιού ωφέλησε πολλούς ανθρώπους.

166.   Υπάρχει μόνο ένας Εαυτός και είναι πανταχού παρών. Όταν ο νους μας διευρυνθεί, μπορούμε να συγχωνευθούμε μαζί Του. Τότε, η ιδιοτέλεια και το εγώ μας θα εξαφανισθούν για πάντα. Για εκείνους που έχουν εδραιωθεί στην κατάσταση της υπέρτατης Συνειδητότητας, όλα είναι ίσα.

Παιδιά μου, χωρίς να σπαταλάτε ούτε μια στιγμή, να υπηρετείτε τους άλλους και να βοηθάτε τους φτωχούς. Να υπηρετείτε την ανθρωπότητα με ανιδιοτέλεια, χωρίς να προσδοκάτε ανταλλάγματα.

167.   Ένας μικρός εγωισμός μπορεί να σας βοηθήσει να απαλλαγείτε από έναν υπέρμετρο εγωισμό. Μια μικρή επιγραφή με τη φράση «Απαγορεύεται η τοιχοκόλληση», θα διατηρήσει τον υπόλοιπο τοίχο καθαρό. Αυτή το νόημα

έχει η διατήρηση ενός μικρού «εγωισμού» για να υπηρετούμε το Θεό.

Διατροφή

168.   Αν δεν εγκαταλείψουμε την επιθυμία για τις απολαύσεις της γλώσσας, δεν μπορούμε να απολαύσουμε τη γεύση της καρδιάς.

169.   Είναι λάθος να ισχυρίζεστε: «Αυτό το φαγητό πρέπει να το τρώμε, ενώ το άλλο όχι.» Η διατροφή διαφοροποιείται ανάλογα με τις κλιματικές συνθήκες. Οι τροφές που πρέπει να αποφεύγονται εδώ (στη νότια Ινδία), μπορεί να είναι ωφέλιμες στα Ιμαλάϊα.

170.   Πριν το γεύμα, όταν κάθεστε στο τραπέζι, πρέπει πρώτα να προσεύχεστε στο Θεό. Αυτός είναι ο λόγος της απαγγελίας του μάντρα πριν το γεύμα. Η κατάλληλη στιγμή για να δοκιμάσουμε την υπομονή μας, είναι όταν έχουμε μπροστά μας το φαγητό.

171.   Ένας ασκητής δεν χρειάζεται να περιπλανάται σε αναζήτηση τροφής. Η αράχνη υφαίνει τον ιστό της και περιμένει. Δεν πηγαίνει αλλού ψάχνοντας για τροφή, γιατί η λεία της θα παγιδευτεί στον ιστό. Κατά τον ίδιο τρόπο, θα εμφανισθεί και η τροφή στον ασκητή. Για να συμβεί όμως αυτό, χρειάζεται πλήρης παράδοση στο Θεό.

172.   Οι τροφές επηρεάζουν σε μεγάλο βαθμό τον χαρακτήρα μας. Οι μπαγιάτικες τροφές, για παράδειγμα, αυξάνουν το τάμας (ληθαργική κατάσταση, νωθρότητα).

173.   Στα αρχικά στάδια της πνευματικής άσκησης, ο αναζητητής πρέπει να ελέγχει τη διατροφή του. Μια μη ισορροπημένη δίαιτα θα δημιουργήσει κακές συνήθειες. Όταν ο γεωργός σπέρνει ένα χωράφι, θα πρέπει να διώχνει τα κοράκια για να μην τρώνε τους σπόρους. Αργότερα, όμως, όταν γίνουν δέντρα, τα πουλιά

θα μπορούν να φωλιάζουν πάνω τους. Θα πρέπει, λοιπόν, να ελέγχετε αυστηρά τη διατροφή σας και να κάνετε τακτικά την πνευματική σας άσκηση. Σε ένα μεταγενέστερο στάδιο, ζεστές, ξινές και μη χορτοφαγικές τροφές μπορούν να καταναλώνονται χωρίς να σας επηρεάζουν. Παρότι η Άμμα σας λέει ότι σε ένα προχωρημένο στάδιο θα μπορείτε να καταναλώνετε οποιαδήποτε τροφή, εσείς καλό είναι να μην το κάνετε ακόμα και τότε. Να δίνετε το καλό παράδειγμα στον κόσμο, έτσι ώστε οι άλλοι να μπορούν να μαθαίνουν παρατηρώντας σας. Ακόμα κι αν δεν είμαστε άρρωστοι, δεν πρέπει να τρώμε ζεστά και ξινά φαγητά μπροστά σε ανθρώπους με ίκτερο. Θα πρέπει να διαθέτουμε αυτοπειθαρχία, προκειμένου να βοηθάμε τους άλλους να γίνουν καλύτεροι.

174.   Οι άνθρωποι ισχυρίζονται ότι είναι εύκολο να σταματήσουν να πίνουν τσάι ή να κόψουν το τσιγάρο, αλλά πολλοί είναι εκείνοι

που δεν τα καταφέρνουν. Πώς είναι δυνατόν οι άνθρωποι να ελέγξουν το νου τους, όταν δεν μπορούν να ελέγξουν τέτοια ασήμαντα πράγματα; Τέτοια μικρά εμπόδια πρέπει να τα υπερβαίνουμε πρώτα. Αν δεν μπορείτε να δια-σχίσετε ένα μικρό ποτάμι, πώς θα μπορέσετε να διασχίσετε τον ωκεανό;

175. Στην αρχή, ένας πνευματικός ανα-ζητητής δεν θα πρέπει να τρώει τίποτα από εστιατόρια. Ο εστιάτορας, ενώ προσθέτει τα υλικά στο φαγητό, σκέφτεται πώς θα βγάλει περισσότερο κέρδος. Ενώ ετοιμάζει το τσάι, ένας μαγαζάτορας σκέφτεται: «Χρειάζεται τόσο πολύ γάλα; Ίσως και η ζάχαρη να μπορεί να μειωθεί κι άλλο.» Πάντοτε θα σκέφτονται να μειώσουν τις ποσότητες των υλικών για να αυξήσουν το κέρδος τους. Η δόνηση αυτών των σκέψεων θα επηρεάσει τον αναζητητή.

Κάποτε, υπήρχε ένας σαννυάσιν που δεν συνήθιζε να διαβάζει εφημερίδες. Μια μέρα, όμως, αφού γευμάτισε σε ένα σπίτι, ένιωσε τη δυνατή επιθυμία να διαβάσει εφημερίδα. Από εκείνη την ημέρα, άρχισε να ονειρεύεται εφημερίδες και ειδήσεις. Αφού διερεύνησε την προέλευση αυτής της παρόρμησης, ανακάλυψε, ότι ο μάγειρας στο σπίτι που είχε επισκεφθεί διάβαζε εφημερίδα ενώ ετοίμαζε το φαγητό. Η προσοχή του μάγειρα δεν ήταν στο μαγείρεμα αλλά στην εφημερίδα, και αυτές οι σκεπτομορφές επηρέασαν τον σαννυάσιν.

176.   Ποτέ να μην τρώτε υπερβολικά. Το μισό στομάχι πρέπει να γεμίζει με τροφή, το ένα τέταρτο με νερό και το υπόλοιπο πρέπει να παραμένει άδειο για την κίνηση του αέρα. Όσο μικρότερη ποσότητα τροφής καταναλώνετε, τόσο περισσότερο νοητικό έλεγχο θα αποκτάτε. Να μην πηγαίνετε για ύπνο αμέσως μετά το φαγητό, ούτε να κάνετε διαλογισμό, γιατί δεν θα μπορείτε να χωνέψετε κανονικά την τροφή.

177.   Όταν μεγαλώσει η αγάπη σας για το Θεό, θα είναι σαν να έχετε πυρετό. Όταν έχετε υψηλό πυρετό, το φαγητό φαίνεται άνοστο. Ακόμα και τα γλυκά φαίνονται πικρά. Το ίδιο ακριβώς συμβαίνει όταν αγαπάτε αληθινά το Θεό· η όρεξή σας μειώνεται αυθόρμητα.

Μπραχματσάρια

Η άγαμη ζωή

178.   Οι ζεστές και ξινές τροφές είναι βλα-
βερές για την τήρηση της μπραχματσάρια. Το
πολύ αλάτι θα πρέπει, επίσης, να αποφεύγεται.
Λίγη ζάχαρη δεν βλάπτει. Το γιαούρτι δεν
πρέπει να καταναλώνεται το βράδυ, και το γάλα
πρέπει να πίνεται με μέτρο. Στο γάλα που πίνετε
πρέπει να προσθέτετε ίση ποσότητα νερού και
μετά να το βράζετε. Το πολύ λάδι πρέπει, επί-
σης, να αποφεύγεται, γιατί προκαλεί την αύξηση
του λίπους του σώματος, κάτι που ευνοεί την
παραγωγή περισσότερου σπέρματος.

179.   Οι πολλές εύγεστες τροφές θα πρέπει
να αποφεύγονται. Όταν η επιθυμία για νόστιμο
φαγητό αυξάνεται, οι πειρασμοί του σώματος
επίσης αυξάνονται. Είναι καλύτερο να μην τρώ-
τε το πρωί, και το βράδυ να τρώτε με μέτρο.

180.   Δεν υπάρχει λόγος να φοβάστε την έκκριση σπέρματος κατά τη διάρκεια του ύπνου. Δεν έχετε δει την κοπριά της αγελάδας να καίγεται και να ανακατεύεται με νερό για να γίνει ιερή στάχτη; Ένα κομμάτι ύφασμα τοποθετείται στο δοχείο με την μια άκρη να κρέμεται έξω από αυτό. Το περίσσιο νερό κυλάει από την άκρη του υφάσματος, αλλά η ουσία δεν χάνεται. Μόνο όταν το νερό εξατμιστεί, θα παραχθεί η ιερή στάχτη. Εντούτοις, ιδιαίτερη προσοχή χρειάζεται, ώστε η έκκριση να μην γίνεται κατά τη διάρκεια ονείρων.

181.   Παιδιά μου, όταν αισθάνεστε ότι θα γίνει έκκριση, θα πρέπει να σηκώνεστε αμέσως από το κρεβάτι και να κάνετε διαλογισμό ή να επαναλαμβάνετε το μάντρα σας. Ανεξάρτητα από το αν είχατε έκκριση ή όχι, την επόμενη μέρα θα πρέπει να κάνετε πνευματικές πρακτικές και νηστεία όλη τη μέρα. Το μπάνιο στο

ποτάμι ή στη θάλασσα βοηθά στην τήρηση της μπραχματσάρια.

182.   Κάποιους μήνες και ημέρες του χρόνου η ατμόσφαιρα δεν είναι καθαρή. Σε τέτοιες περιόδους, μπορεί να συμβεί η έκκριση του σπέρματος και γι' αυτό χρειάζεται ιδιαίτερη προσοχή. Μια τέτοια περίοδος είναι το χρονικό διάστημα από μέσα Ιουλίου έως μέσα Αυγούστου.

183.   Εξαιτίας της θερμότητας που αναπτύσσεται από τη συγκέντρωση του νου, η ενέργεια της μπραχματσάρια μετατρέπεται σε ότζας (λεπτοφυής ζωτική ενέργεια). Αν ένας άνθρωπος του κόσμου τηρεί την αγαμία, θα πρέπει, επίσης, να εκτελεί πνευματικές πρακτικές. Διαφορετικά, η ενέργεια της μπραχματσάρια δεν θα μετατρέπεται σε ότζας.

Ο αναζητητής και η πνευματική άσκηση

184.   Παιδιά μου, η στάση μας απέναντι σε όλα τα όντα της Δημιουργίας πρέπει να είναι απαλλαγμένη από προσδοκίες. Αυτός είναι ο σκοπός της πνευματικής άσκησης.

185.   Δεν υπάρχει σύντομος δρόμος για την Αυτοπραγμάτωση. Μολονότι το γλειφιτζούρι είναι γλυκό, κανείς δεν το καταπίνει ολόκληρο. Αν κάποιος το έκανε, θα πνιγόταν. Πρέπει να το αφήνουμε να λιώνει αργά στο στόμα. Παρομοίως, η πνευματική άσκηση πρέπει να γίνεται τακτικά και με υπομονή.

186.   Δεν έχει νόημα να κάνετε διαλογισμό και να απαγγέλετε το μάντρα χωρίς ίχνος αγάπης για το Θεό. Από την άλλη πλευρά, όσοι περιμένουν να αναπτύξουν αγάπη για το Θεό προκειμένου να ξεκινήσουν την πνευματική

άσκηση, είναι απλά τεμπέληδες. Μοιάζουν με κάποιον που περιμένει να κοπάσουν εντελώς τα κύματα του ωκεανού, για να βουτήξει στο νερό.

187. Η πνευματική άσκηση μας χαρίζει σά-κτι (ενέργεια) και απαλλάσσει το σώμα από τις ασθένειες. Μας επιτρέπει, επίσης, να εκτελούμε οποιαδήποτε εργασία χωρίς να κουραζόμαστε εύκολα.

188. Η αγαπημένη σας θεότητα θα σας οδηγήσει στο κατώφλι της πραγμάτωσης. Όταν έρχεστε στο άσραμ με το λεωφορείο, σταματάτε στη διασταύρωση του Βαλικάβου και μετά συνεχίζετε με τα πόδια. Έτσι δεν είναι; Παρομοίως, η θεότητα θα σας οδηγήσει στην πύλη της ακάντα σατσιντανάντα (της αδιαίρετης Ύπαρξης-Συνειδητότητας-Ευδαιμονίας).

189. Παιδιά μου, προτού ξεκινήσουμε να διδάξουμε τους ανθρώπους, πρέπει να έχουμε

αποκτήσουμε το απαραίτητο σθένος. Εκείνοι που ταξιδεύουν στα Ιμαλάϊα κουβαλούν μαζί τους μάλλινες κουβέρτες για προστασία από το κρύο. Παρομοίως, προτού βγούμε στον κόσμο, ο νους μας θα πρέπει να είναι αρκετά δυνατός ώστε να μην ταράζεται από οποιαδήποτε αντιξοότητα. Αυτό είναι δυνατόν μόνο μέσω της πνευματικής άσκησης.

190.   Αληθινό σάτσανγκ είναι η ένωση της ατομικής ψυχής με τον Υπέρτατο Εαυτό.

191.   Κάποιος που λαχταρά να φάει χουρμάδες, θα διακινδυνεύσει να σκαρφαλώσει σ' ένα δέντρο γεμάτο σφήκες για να τους κόψει. Παρομοίως, το άτομο που διαθέτει λάκσυα μπόντα (ισχυρή θέληση να πετύχει τον πνευματικό στόχο) θα υπερβεί όλες τις αντιξοότητες.

192.   Στο ξεκίνημα της πνευματικής ζωής, ο αναζητητής είναι καλό να πηγαίνει σε

προσκυνήματα. Ένα ταξίδι με μερικές κακου-
χίες θα τον βοηθήσει να κατανοήσει την φύση
του κόσμου. Εκείνοι, όμως, που δεν έχουν
αποκτήσει αρκετή δύναμη μέσω της πνευ-
ματικής άσκησης, θα λυγίσουν μπροστά στις
δοκιμασίες και αντιξοότητες του κόσμου. Αυτό
που χρειάζεται λοιπόν, είναι να κάνετε συνεχή
πνευματική άσκηση στον τόπο διαμονής σας,
χωρίς να χάνετε ούτε στιγμή.

193.   Η τελειοποίηση της άσανα (καθιστής
στάσης) είναι το πρώτο πράγμα που πρέπει να
αναπτύξει ο πνευματικός αναζητητής. Αυτό δεν
είναι πάντα εύκολο. Κάθε μέρα, να μένετε στη
καθιστή στάση πέντε λεπτά περισσότερο από
την προηγούμενη. Με αυτό τον τρόπο, στα-
διακά θα καταφέρετε να παραμένετε σε αυτή
τη στάση δύο ή τρείς ώρες χωρίς διακοπή. Αν
αναπτύξετε αυτού του είδους την υπομονή, τότε
όλα θα έρθουν εύκολα.

Ενώ περπατάμε, καθόμαστε ή κάνουμε το μπάνιο μας, θα πρέπει πάντα να οραματιζόμαστε την αγαπημένη μας θεότητα να περπατά μαζί μας και να μας χαμογελά. Πρέπει να φανταζόμαστε τη μορφή της αγαπημένης μας θεότητας να στέκεται στους ουρανούς, και να προσευχόμαστε σε Εκείνη.

194.　Παιδιά μου, αν χύνετε δάκρυα πίστης στο Θεό για πέντε λεπτά τη μέρα, αυτό ισοδυναμεί με μια ώρα διαλογισμού. Όταν κλαίτε, ο νους εύκολα απορροφάται στη θύμηση του Θεού. Αν σας είναι δύσκολο να κλάψετε, να προσεύχεστε με αυτό τον τρόπο: «Ω, Θεέ μου, γιατί είμαι ανίκανος να κλάψω για Σένα;»

195.　Ο πνευματικός αναζητητής δεν πρέπει να κλαίει για εφήμερα πράγματα, παρά μόνο για την Αλήθεια. Τα δάκρυα μας πρέπει να είναι μόνο για το Θεό. Ο πνευματικός αναζητητής δεν πρέπει ποτέ να δείχνει αδυναμία, αλλά να είναι ικανός να σηκώνει το βάρος όλου του κόσμου.

196.   Τα συναισθήματα μας μπορούν να εκφρασθούν με τρείς τρόπους: Μέσω των λέξεων, των δακρύων και του γέλιου. Παιδιά μου, μόνο όταν οι νοητικές σας ακαθαρσίες ξεπλυθούν με τα γοερά δάκρυα της λαχτάρας σας για το Θείο, θα μπορείτε να γελάτε πραγματικά με ανοιχτή καρδιά. Μόνο τότε θα βιώσετε αληθινή ευτυχία.

197.   Η πνευματική άσκηση είναι απαραίτητη. Παρότι το φυτό ενυπάρχει μέσα στον σπόρο, μόνο όταν αυτός καλλιεργηθεί με την κατάλληλη φροντίδα, θα αναπτυχθεί για να ανθοφορήσει και να φέρει καρπούς. Παρομοίως, παρόλο που η Υπέρτατη Αλήθεια κατοικεί στην καρδιά όλων των ανθρώπων, θα λάμψει μόνο μέσω των πνευματικής άσκησης.

198.   Αν φυτέψουμε ένα δενδρύλλιο και δεν το φροντίζουμε σωστά, τότε αυτό θα μαραθεί. Όταν, με την κατάλληλη φροντίδα, αναπτυχθεί σε υγιές δέντρο, ακόμη κι αν κοπεί η κορυφή του, αυτό θα συνεχίσει να αναπτύσσεται με καινούργια βλαστάρια. Όσο απαιτητικοί και αν είναι οι κανόνες της πνευματικής πειθαρχίας, ο αναζητητής θα πρέπει στο αρχικό στάδιο να τους τηρεί ευλαβικά. Μόνο έτσι θα σημειώσει πρόοδο.

199.   Είναι καλό για τον πνευματικό αναζητητή να επισκέπτεται φτωχογειτονιές, νοσοκομεία, κ.λπ., τουλάχιστον μια φορά τον μήνα. Αυτές οι επισκέψεις θα τον βοηθήσουν να κατανοήσει την φύση των δυσκολιών της ζωής και να αποκτήσει συμπονετικό νου.

200.   Όταν το γάλα αφήνεται να πήξει, δεν πρέπει να το ανακατεύουμε. Μόνο έτσι μπορούμε να φτιάξουμε βούτυρο. Παρομοίως,

στα αρχικά στάδια της πνευματικής άσκησης, η απομόνωση είναι αναγκαία.

201.   Όταν σπείρουμε ένα χωράφι, χρειάζεται προσοχή ώστε να μην αφήνουμε τα πουλιά να τρώνε τους σπόρους. Αργότερα, όταν θα έχουν φυτρώσει, δεν θα υπάρχει κίνδυνος. Στα αρχικά στάδια της πνευματικής άσκησης, ο αναζητητής δεν πρέπει να έχει πολλές συναναστροφές με κόσμο. Οι οικογενειάρχες πιστοί θα πρέπει να είναι ιδιαίτερα προσεκτικοί. Μην χάνετε τον χρόνο σας σε κουβέντες με τους γείτονες. Όποτε έχετε ελεύθερο χρόνο, να τον αφιερώνετε στην επανάληψη του μάντρα, στο διαλογισμό ή στα λατρευτικά τραγούδια.

202.   Στα βάθη του ωκεανού δεν υπάρχουν κύματα. Τα κύματα εμφανίζονται μόνο στην επιφάνεια. Στο βυθό του ωκεανού τα πάντα είναι ήρεμα. Εκείνοι που έχουν φτάσει στην τελειότητα είναι ειρηνικοί. Αντιθέτως, όσοι

έχουν επιφανειακή γνώση, έχοντας απλά διαβά-
σει δυο-τρία πνευματικά βιβλία, δημιουργούν
αναστάτωση.

203.   Τα κύματα της θάλασσας δεν μπορούν
να καταστραφούν. Παρομοίως, οι σκέψεις του
νου δεν μπορούν να εξαλειφθούν. Όταν ο νους
αρχίζει να βαθαίνει και να διευρύνεται, τα κύ-
ματα των σκέψεων υποχωρούν αυθόρμητα.

204.   Παιδιά μου, το αληθινό και το ψεύτικο
περιέχονται μέσα στο σπόρο. Όταν ο σπόρος
φυτρώσει, το κέλυφος σπάει και διαλύεται μέσα
στο χώμα. Η ουσία του σπόρου είναι αυτή που
φυτρώνει και αναπτύσσεται. Παρομοίως, το
αληθινό και το ψεύτικο υπάρχουν μέσα μας. Αν
ζούμε προσηλωμένοι στο αληθινό, τίποτα δεν
θα μπορεί να μας ταράξει, οι ορίζοντες μας θα
διευρύνονται συνεχώς. Αν, όμως, παραμένουμε
προσκολλημένοι στο ψεύτικο, δεν θα μπορέ-
σουμε να αναπτυχθούμε.

205.   Όταν γνωρίζεις την Αλήθεια, όλος ο κόσμος γίνεται ο πλούτος σου. Δεν βλέπεις τίποτα ως διαφορετικό από τον δικό σου Εαυτό.

206.   Οι πράξεις σας καθορίζουν την αξία σας. Μπορεί να είστε μορφωμένοι και να έχετε μια καλή δουλειά, αν όμως κλέψετε, κανείς δεν θα σας σέβεται. Η πρόοδος σας ως πνευματικός αναζητητής κρίνεται από τις πράξεις σας.

207.   Έχετε παρατηρήσει τους στρατιώτες και τους αστυνομικούς που στέκονται σαν αγάλματα κάτω από την καταρρακτώδη βροχή και τον καυτό ήλιο; Παρομοίως, ο πνευματικός αναζητητής, είτε είναι όρθιος είτε καθιστός είτε ξαπλωμένος, πρέπει να είναι απόλυτα ήρεμος. Δεν θα πρέπει να γίνεται καμιά άσκοπη κίνηση των χεριών, των ποδιών ή του σώματος. Για να το καταφέρετε, είναι χρήσιμο να φαντάζεστε ότι το σώμα είναι νεκρό. Τελικά, μέσω της πρακτικής, η ακινησία θα γίνει συνήθεια.

123

208.   Ο βαρκάρης που τραβά κουπί για να οδηγήσει τη βάρκα του από την παραλία στα ανοιχτά, κωπηλατεί δυνατά, πλήρως συγκεντρωμένος σε αυτό που κάνει. Οι θεατές στην παραλία τον ενθαρρύνουν κουνώντας τα χέρια τους και φωνάζοντας. Ο βαρκάρης, όμως, δεν τους προσέχει. Η μόνη του σκέψη είναι να διασχίσει τα κύματα και να φτάσει ασφαλής στα ανοιχτά. Εκεί, δεν θα έχει τίποτα να φοβηθεί και θα μπορεί, αν θέλει, να ξεκουραστεί για λίγο.

Παρομοίως, εσείς τώρα βρίσκεστε ανάμεσα στα κύματα. Δεν πρέπει να αφήνετε τον εαυτό σας να αποσπάται από οτιδήποτε, αλλά να προχωράτε με μεγάλη προσοχή, έχοντας πάντοτε κατά νου το στόχο σας. Μόνο έτσι θα κατορθώσετε να φτάσετε στον προορισμό σας.

209.   Ο πνευματικός αναζητητής πρέπει να είναι πολύ προσεκτικός στις συναναστροφές του με το αντίθετο φύλο. Όπως σε έναν ανεμοστρόβιλο, μόνο όταν σε παρασύρει και σε

εκσφενδονίσει μακριά, συνειδητοποιείς τον κίνδυνο.

210.   Παιδιά μου, το νερό δεν έχει χρώμα. Η λίμνη αποκτά τε χρώμα που αντανακλάται σε αυτήν από τον ουρανό. Παρομοίως, όποιος βλέπει το κακό στους άλλους, στην πραγματικότητα βλέπει την αντανάκλαση των δικών του ελαττωμάτων. Να προσπαθείτε πάντοτε να βλέπετε την καλή πλευρά σε όλους.

211.   Ο πνευματικός αναζητητής δεν πρέπει να πηγαίνει σε γάμους ή κηδείες. Στους γάμους, όλοι οι καλεσμένοι, μικροί και μεγάλοι, σκέφτονται την οικογενειακή ζωή. Στις κηδείες, όλοι θρηνούν για το χαμό ενός θνητού όντος. Οι σκεπτομορφές που δημιουργούνται και στις δύο περιπτώσεις είναι επιζήμιες για τον πνευματικό αναζητητή. Οι δονήσεις αυτές θα εισχωρήσουν στο υποσυνείδητο του αναζητητή

και θα τον κάνουν να αισθάνεται ταραχή για εφήμερα πράγματα.

212.   Ο πνευματικός αναζητητής πρέπει να είναι σαν τον άνεμο, ο οποίος, χωρίς καμία προκατάληψη, πνέει πάνω από τα ευωδιαστά λουλούδια και τα δύσοσμα περιττώματα. Κατά τον ίδιο τρόπο, ο πνευματικός αναζητητής δεν πρέπει να προσκολλάται σε εκείνους που του δείχνουν στοργή, ή να αισθάνεται κακία προς εκείνους που τον κακομεταχειρίζονται. Ο πνευματικός αναζητητής βλέπει το Θεό παντού, όλοι είναι ίσοι στα μάτια του.

213.   Δεν είναι καλό να κοιμάστε κατά τη διάρκεια της ημέρας, γιατί όταν ξυπνήσετε θα αισθάνεστε εξαντλημένοι. Αυτό συμβαίνει διότι την ημέρα η ατμόσφαιρα είναι γεμάτη από ακάθαρτες σκεπτομορφές, ενώ τη νύχτα είναι λιγότερο μολυσμένη. Τα πρωινά, όταν ξυπνάμε από τον βραδινό ύπνο, αισθανόμαστε γεμάτοι

ενέργεια. Για το λόγο αυτό, ο πνευματικός ανα-
ζητητής πρέπει να διαλογίζεται περισσότερο
την νύχτα. Είναι αρκετό να διαλογίζεται κανείς
για πέντε ώρες το βράδυ, αντί για δέκα ώρες
κατά τη διάρκεια της ημέρας.

214.   Παιδιά μου, ό,τι προβλήματα κι αν έχε-
τε, να παρατηρείτε τη φύση και να φαντάζεστε
την μορφή της αγαπημένης σας θεότητας στα
δέντρα και στα βουνά· να μοιράζεστε τα συναι-
σθήματα σας με τη φύση. Ή αλλιώς, μπορείτε
να οραματίζεστε την αγαπημένη σας θεότητα
να στέκεται στους ουρανούς και να μιλάτε μαζί
της. Υπάρχει λόγος να θέλετε να μοιραστείτε
τις λύπες σας με κάποιον άλλον;

215.   Όταν είμαστε κοντά σε ανθρώπους που
συζητούν, τα λόγια τους δημιουργούν μια αύρα
γύρω μας. Οι κακές συναναστροφές δημιουρ-
γούν αρνητική αύρα, με ακάθαρτες σκέψεις. Για

το λόγο αυτό, το σάτσανγκ (η ιερή συντροφιά και οι πνευματικές ομιλίες) είναι απαραίτητο.

216.   Όταν ο γλύπτης παρατηρεί ένα κομμάτι ξύλο ή μια πέτρα, βλέπει μόνο τη μορφή που μπορεί να λαξεύσει, ενώ όλοι οι άλλοι βλέπουν μόνο το ξύλο ή την πέτρα. Παρομοίως, ο αναζητητής θα πρέπει να μπορεί να διακρίνει το αιώνιο στα πάντα γύρω του. Χρειάζεται να κατανοήσουμε τι είναι αιώνιο και τι εφήμερο, και να ζούμε με σύνεση. Θα πρέπει να προσκολλούμαστε μόνο σε ό,τι είναι αιώνιο. Παιδιά μου, μόνο ο Θεός είναι η αιώνια Αλήθεια. Καθετί άλλο είναι απατηλό και εφήμερο. Οι εγκόσμιες καταστάσεις δεν έχουν διάρκεια. Αυτό που είναι αιώνιο είναι ο Θεός.

217.   Παιδιά μου, η γύμνια ενός παιδιού δεν μας βάζει σε πειρασμό. Θα πρέπει να μπορούμε να παρατηρούμε τους πάντες γύρω μας με αυτό το πνεύμα. Όλα εξαρτώνται από το νου.

218.   Στην αρχή, ο πνευματικός αναζητητής
πρέπει να είναι πολύ προσεκτικός. Οι πιο ευνοϊ-
κές ώρες για διαλογισμό είναι το πρωί μέχρι τις
11 και μετά τις 5 το απόγευμα. Αμέσως μετά τον
διαλογισμό, θα πρέπει να ξαπλώνετε στη στάση
της σαβάσκνα (στάση της βαθιάς χαλάρωσης)
το λιγότερο για δέκα λεπτά προτού σηκωθείτε.
Ακόμα κι αν ο διαλογισμός είναι διάρκειας μιας
ώρας, στη συνέχεια θα πρέπει να μένετε σιω-
πηλοί για μισή ώρα. Μόνο εκείνοι που τηρούν
αυτές τις οδηγίες, θα μπορέσουν να ωφεληθούν
στο μέγιστο βαθμό από τον διαλογισμό τους.

219.   Όταν κάνετε μια ένεση, η επίδραση του
φάρμακου εκδηλώνεται στον οργανισμό μετά
από λίγη ώρα. Παρεμοίως, μετά την πνευμα-
τική άσκηση, χρειάζεται λίγος χρόνος σιωπής.
Αν μετά από δυο ώρες διαλογισμού, ξεκινήσετε
αμέσως να συζητάτε για τις εγκόσμιες υποθέσεις
ή κάνετε δυνατούς θορύβους, δεν θα ωφεληθείτε

από τον διαλογισμό, ακόμα και μετά από χρόνια πρακτικής.

220.   Αν κάποιος σπαταλά τον χρόνο σας μιλώντας σας για ανούσια πράγματα, πρέπει να επαναλαμβάνετε το μάντρα σας και να στοχάζεστε την αγαπημένη σας θεότητα, ή να βλέπετε την αγαπημένη σας θεότητα στον συνομιλητή σας. Μπορείτε επίσης να οραματίζεστε ένα τρίγωνο στο χώμα και να φαντάζεστε την θεότητά σας να στέκεται στη μέση. Στη συνέχεια, πάρτε μερικά πετραδάκια και οραματισθείτε ότι είναι τα λουλούδια που προσφέρετε στα πόδια της θεότητάς σας. Οι συζητήσεις μας με τους άλλους πρέπει να περιστρέφονται μόνο γύρω από πνευματικά θέματα. Όσοι έχουν τάση προς την πνευματικότητα, θα μας ακούν. Οι υπόλοιποι σύντομα θα φεύγουν. Κατ αυτόν τον τρόπο, δεν θα σπαταλάμε τον χρόνο μας άσκοπα.

221.   Παιδιά μου, ακόμα και η αναπνοή ενός πνευματικού αναζητητή είναι αρκετή για να εξαγνίσει την ατμόσφαιρα. Τέτοια είναι η δύναμη της. Μπορεί να περάσει πολύς καιρός, αλλά το γεγονός αυτό θα ανακαλυφθεί κάποτε από την επιστήμη. Μόνο τότε οι άνθρωποι θα το πιστέψουν πραγματικά.

222.   Οι άνθρωποι δεν είναι τα μόνα όντα που διαθέτουν την δυνατότητα της ομιλίας. Τα ζώα, τα πουλιά και τα φυτά, έχουν επίσης αυτή την δυνατότητα. Εμείς απλά δεν έχουμε την ικανότητα να τα καταλάβουμε. Εκείνοι που έχουν βιώσει την εμπειρία του Εαυτού, γνωρίζουν αυτά τα πράγματα.

223.   Το νερό λιμνάζει στα αυλάκια και τις λιμνούλες. Μικρόβια και έντομα πολλαπλασιάζονται σε αυτά τα σημεία, προκαλώντας πολλές ασθένειες. Η λύση γι' αυτό το πρόβλημα, είναι να κάνουμε το νερό να κυλά ελεύθερο προς

ένα ποτάμι. Παρομοίως, στην εποχή μας οι άνθρωποι ζουν με την αίσθηση του «εγώ» και «δικό μου». Οι ακάθαρτες σκέψεις τους δημιουργούν δυστυχία σε πολλούς ανθρώπους. Είναι καθήκον μας να διευρύνουμε το στενό νου τους και να τους καθοδηγήσουμε προς το Υπέρτατο Ον. Γι' αυτό το σκοπό, ο καθένας από εμάς πρέπει να είναι προετοιμασμένος να υπομένει κάποιες θυσίες. Μόνο, όμως, με τη δύναμη που αποκτούμε μέσω της πνευματικής άσκησης, μπορούμε να καθοδηγήσουμε τους ανθρώπους.

224.   Η αταραξία είναι γιόγκα (ένωση με το Θεό). Μόλις πετύχετε την αταραξία, θα βιώνετε τη χάρη του Θεού να ρέει συνεχώς προς εσάς. Τότε, η πνευματική άσκηση δεν θα είναι πια αναγκαία.

Ο πνευματικός αναζητητής και η οικογένεια του

225.   Παιδιά μου, είναι καθήκον μας να φροντίζουμε τους γονείς μας, αν δεν υπάρχει κάποιος άλλος να το κάνει. Ακόμα κι αν έχουμε επιλέξει το πνευματικό μονοπάτι, η φροντίδα των γονιών είναι καθήκον μας. Θα πρέπει να βλέπουμε τους γονείς μας σαν τον δικό μας Εαυτό και να τους υπηρετούμε αναλόγως.

226.   Αν οι γονείς σας στέκονται εμπόδιο στην επιλογή σας να ακολουθήσετε την πνευματική ζωή, δεν είναι απαραίτητο να τους υπακούετε.

227.   Τίθεται το εξής ερώτημα: Είναι σωστό να ακολουθήσετε το πνευματικό μονοπάτι, αν αυτό σημαίνει ότι δεν θα υπακούσετε τους γονείς σας; Ας υποθέσουμε ότι πρέπει να πάτε σε ένα μακρινό μέρος για να σπουδάσετε ιατρική,

και οι γονείς σας δεν είναι σύμφωνοι. Αν τους παρακούσετε και σπουδάσετε για να γίνετε γιατροί, θα μπορέσετε να σώσετε τις ζωές χιλιάδων ανθρώπων, συμπεριλαμβανομένων και των γονιών σας. Αυτή η αρχική, φαινομενικά εγωιστική επιλογή σας θα ωφελήσει την ανθρωπότητα. Δεν υπάρχει τίποτα το κακό σε αυτό. Αν, όμως, δεν είχατε σπουδάσει ιατρική υπακούοντας στους γονείς σας, θα μένατε μαζί τους να τους φροντίζετε, αλλά δεν θα ήσασταν ικανοί να σώσετε τις ζωές τους.

Μόνο ένας πνευματικός αναζητητής μπορεί να αγαπά με ανιδιοτέλεια, να υπηρετεί τον κόσμο και να σώζει πραγματικά άλλους. Ας μην ξεχνάμε, ότι ο Σανκαρατσάρυα και ο Ραμάνα Μαχάρσι έσπευσαν να βοηθήσουν τις μητέρες τους[4], όταν τους χρειάστηκαν.

---

4 Και οι δύο αυτοί μεγάλοι άγιοι έφυγαν από τα σπίτια τους σε νεαρή ηλικία, αλλά κάποια στιγμή επέστρεψαν στους γονείς τους. Μετά από απουσία πολλών ετών, ο Σανκαρατσάρυα πήγε κοντά στη μητέρα του, όταν εκείνη ήταν ετοιμοθάνατη, και την ευλόγησε με ένα όραμα του Θεού. Ο Ραμάνα Μαχάρσι,

228.   Όταν αποφασίσουμε να ακολουθήσουμε την πνευματική ζωή, θα πρέπει να εγκαταλείψουμε την προσκόλληση στην οικογένεια μας. Διαφορετικά, δεν θα καταφέρουμε να προχωρήσουμε. Αν η βάρκα είναι αγκυροβολημένη, όσο δυνατά κι αν κάνετε κουπί, αυτή δεν πρόκειται να μετακινηθεί. Εφόσον έχουμε αφιερώσει τη ζωή μας στο Θεό, πρέπει να έχουμε τη δυνατή πίστη ότι ο Θεός θα φροντίσει τις οικογένειες μας.

229.   Παιδιά μου, ποιά είναι η αληθινή μας μητέρα και ποιός ο αληθινός μας πατέρας; Είναι, μήπως, εκείνοι οι οποίοι δημιούργησαν το σώμα μας; Όχι. Αυτοί είναι οι θετοί μας γονείς. Ένας αληθινός πατέρας ή μια αληθινή μητέρα, μπορεί να δώσει ζωή σε ένα παιδί που πεθαίνει,

---

επίσης, όταν ολοκλήρωσε την πνευματική του άσκηση, κάλεσε τη μητέρα του να πάει να μείνει μαζί του. Πράγματι, εκείνη έζησε κοντά στο γιο της, στο Τιρουβαναμαλάι, μέχρι το τέλος της ζωής της, και με τη χάρη του συγχωνεύτηκε με το Θεό τη στιγμή του θανάτου της.

και μόνο ο Θεός μπορεί να το κάνει αυτό. Αυτό πρέπει πάντα να το θυμόμαστε.

230.   Ένα μικρό φυτό που μεγαλώνει στη σκιά ενός μεγάλου δέντρου, αναπτύσσεται άνετα για κάποιο χρονικό διάστημα. Όταν, όμως, πέσουν όλα τα φύλλα του δέντρου, τα πάντα αλλάζουν για το μικρό φυτό, και τα φύλλα του σύντομα μαραίνονται κάτω από τον καυτό ήλιο. Η κατάσταση εκείνων που ζουν στη «σκιά» της οικογένειας τους, είναι παρόμοια.

Για τους οικογενειάρχες

231.   Στην εποχή μας, η αγάπη και η αφο-
σίωση που έχουμε για το Θεό είναι σαν την
αγάπη που έχουμε για τους γείτονες μας. Όταν
αυτοί δεν συμπεριφέρονται σύμφωνα με τις
προσδοκίες μας, τσακωνόμαστε μαζί τους. Την
ίδια στάση έχουμε και απέναντι στο Θεό. Αν ο
Θεός δεν ικανοποιήσει τα ασήμαντα αιτήματά
μας, τότε σταματάμε να προσευχόμαστε και να
επαναλαμβάνουμε το μάντρα μας.

232.   Σκεφτείτε μόνο πόσο καλά προετοι-
μασμένοι πηγαίνουμε για να κερδίσουμε μια
υπόθεση στο δικαστήριο. Επίσης, περιμένουμε
υπομονετικά στην ουρά για να παρακολουθή-
σουμε ένα έργο στο κινηματογράφο. Η επιθυμία
μας να δούμε την ταινία είναι τόσο δυνατή, που
δεν ενοχλούμαστε όταν οι άλλοι άνθρωποι μας
σπρώχνουν. Με προθυμία υπομένουμε όλες
αυτές τις δυσκολίες, για να εξασφαλίσουμε λίγη

εξωτερική ευτυχία. Αν κάναμε τέτοιου είδους θυσίες χάριν της πνευματικής ζωής, αυτό και μόνο θα ήταν αρκετό να μας χαρίσει την αιώνια ευδαιμονία.

233.   Ας υποθέσουμε ότι ένα μικρό παιδί χτυπάει το χέρι του. Αν προσπαθήσουμε να το ηρεμήσουμε λέγοντάς του «δεν είσαι το σώμα, ο νους ή η διάνοια», το παιδί δεν θα καταλάβει τίποτα και θα συνεχίσει να κλαίει. Παρομοίως, δεν έχει σημασία να λέτε σε έναν κοινό άνθρωπο «δεν είσαι το σώμα, είσαι το Μπράχμαν. Ο κόσμος δεν είναι αληθινός». Ίσως αυτή η στάση να επιφέρει κάποια μικρή αλλαγή, αλλά δεν θα προσφέρει πρακτικές συμβουλές που να μπορούν εφαρμοστούν στην καθημερινή ζωή.

234.   Παιδιά μου, πολλοί από εκείνους που ενθουσιάζονται με την πνευματικότητα, έχοντας παρακολουθήσει μια πνευματική ομιλία, δεν θα καταφέρουν να ακολουθήσουν μια σταθερή

πνευματική ζωή. Όσο και να πιέσετε ένα ελατήριο, μόλις το αφήσετε, εκείνο θα επανέλθει στην αρχική του κατάσταση.

235.   Στη σημερινή εποχή, φαίνεται ότι κανείς δεν μπορεί να αφιερώσει χρόνο για να επισκέπτεται ναούς και άσραμ ή να κάνει πνευματική άσκηση. Αν, όμως, το παιδί μας αρρωστήσει, είμαστε διατεθειμένοι να περιμένουμε στο χώρο αναμονής του νοσοκομείου για όσο χρόνο χρειαστεί, χωρίς να σκεφτόμαστε τον ύπνο. Για να κερδίσουμε ένα κομμάτι γης, μπορούμε να περιμένουμε έξω από το δικαστήριο για μέρες στη βροχή και στον ήλιο, χωρίς να σκεπτόμαστε τον σύζυγό μας, την σύζυγο ή τα παιδιά μας. Περιμένουμε ώρες στη σειρά έξω από ένα συνωστισμένο μαγαζί για να αγοράσουμε κάτι, αλλά δεν έχουμε χρόνο για προσευχή στο Θεό. Παιδιά μου, για όσους αγαπούν το Θεό, ο χρόνος για την πνευματική άσκηση θα είναι πάντα διαθέσιμος.

236. Ποιός ισχυρίζεται ότι δεν υπάρχει χρόνος για την επανάληψη του μάντρα; Μπορείτε να επαναλαμβάνετε το μάντρα σας ενώ περπατάτε, από μία φορά σε κάθε βήμα σας, για παράδειγμα. Μπορείτε να κάνετε, επίσης, την πνευματική σας άσκηση ενώ ταξιδεύετε με λεωφορείο, οραματιζόμενοι την μορφή της αγαπημένης σας θεότητας στον ουρανό. Διαφορετικά, μπορείτε να επαναλαμβάνετε το μάντρα σας με τα μάτια κλειστά. Αν επαναλαμβάνετε το μάντρα με αυτό τον τρόπο, δεν θα χάνετε το χρόνο σας άσκοπα, και ο νους σας δεν θα αφαιρείτε παρατηρώντας τα αξιοθέατα τριγύρω. Επιπλέον, μπορείτε να επαναλαμβάνετε το μάντρα ενώ κάνετε οποιαδήποτε από τις δουλειές του σπιτιού. Όσοι πραγματικά ενδιαφέρονται, βρίσκουν πάντοτε χρόνο για την πνευματική άσκηση.

237. Αν κάποιος υποφέρει από αϋπνία, μπορεί να πάρει υπνωτικά χάπια. Για να ξεχνά τα

προβλήματά του, καταφεύγει στα οινοπνευματώδη ποτά και τη μαριχουάνα. Για τον ίδιο σκοπό υπάρχουν, επίσης, και οι κινηματογράφοι. Εξαιτίας όλων αυτών των πραγμάτων, ελάχιστοι είναι εκείνοι που αναζητούν το Θεό στις μέρες μας. Οι άνθρωποι, όμως, δεν συνειδητοποιούν ότι όλες αυτές οι τοξικές ουσίες τους καταστρέφουν. Η κατανάλωση αυτών των ουσιών μειώνει τα επίπεδα του νερού στον εγκέφαλο. Το αποτέλεσμα είναι η αίσθηση της μέθης. Μέσω της συνεχούς χρήσης τέτοιων ουσιών, τα νευρικό σύστημα αρχίζει να συστέλλεται λόγω της αφυδάτωσης. Τα συμπτώματα που εμφανίζονται σταδιακά είναι τρέμουλο, κόπωση, ακόμη και δυσκολία στο βάδισμα. Ο άνθρωπος βαθμιαία χάνει τη ζωντάνια και την ευφυΐα του, και οδηγείται στον εκφυλισμό. Τα παιδιά που γεννιούνται από τέτοιους γονείς, θα υποφέρουν από τις ίδιες ασθένειες.

238.   Παιδιά μου, ο νους είναι που χρειάζεται «κλιματισμό», όχι τα δωμάτιά μας. Υπάρχουν άνθρωποι που αυτοκτονούν μέσα σε κλιματιζόμενα δωμάτια. Θα το έκαναν ποτέ αυτό, αν η πολυτέλεια τους έδινε πραγματική ευτυχία; Η αληθινή ευτυχία δεν βρίσκεται στον εξωτερικό κόσμο, αλλά μόνο μέσα μας.

239.   Όταν ένας σκύλος βρει ένα κόκκαλο, αρχίζει να το μασάει. Κάποια στιγμή, αρχίζει να γεύεται αίμα και νομίζει ότι βγαίνει από το κόκκαλο. Δεν γνωρίζει ότι γλύφει το δικό του αίμα, το οποίο προέρχεται από τα πληγωμένα του ούλα. Έτσι μοιάζει και η αναζήτηση της ευτυχίας σε εξωτερικά αντικείμενα.

240.   Δεν θα φτιάχναμε ποτέ ένα φράχτη κόβοντας τα κλαδιά ενός δέντρου που μας δίνει καρπούς. Θα χρησιμοποιούσαμε γι' αυτό το σκοπό, κάποιο λιγότερο χρήσιμο δέντρο. Αν

η αξία της ζωής γινόταν κατανοητή, δεν θα την σπαταλούσαμε σε αισθησιακές απολαύσεις.

241.   Δεν υπάρχει κάποια συγκεκριμένη χρονική στιγμή, στην οποία πρέπει να ξεκινήσει ένας οικογενειάρχης την πνευματική ζωή. Θα πρέπει να την ξεκινάμε όταν αισθανόμαστε ότι διαθέτουμε την απαραίτητη απάρνηση για να το κάνουμε. Δεν χρειάζεται να πιέσουμε τον εαυτό μας να αισθανθεί αυτή την παρόρμηση· θα εμφανιστεί την κατάλληλη στιγμή. Η κότα δεν ανοίγει με το ράμφος της το αυγό που κλωσάει. Το αφήνει να ανοίξει μόνο του όταν έρθει η ώρα. Αν, για παράδειγμα, η σύζυγος και τα παιδιά σας, μπορούν να ζήσουν άνετα χωρίς την παρουσία σας και εσείς διακατέχεστε από το πνεύμα της απάρνησης, τότε μπορείτε να εγκαταλείψετε τα πάντα και να ακολουθήσετε το πνευματικό μονοπάτι. Αν το κάνετε, όμως, δεν θα πρέπει μετά να σας απασχολούν σκέψεις για την οικογένεια σας.

242.   Τους παλιούς καιρούς, οι άνθρωποι δίδασκαν τα παιδιά τους την αλήθεια για το τι είναι αιώνιο και τι εφήμερο. Τα δίδασκαν ότι σκοπός της ζωής είναι η πραγμάτωση του Θεού. Η εκπαίδευση που λάμβαναν τα παιδιά, τα βοηθούσε να γνωρίσουν τον εαυτό τους. Στη σημερινή εποχή, οι γονείς ενθαρρύνουν τα παιδιά τους μόνο να κερδίζουν χρήματα. Ποιό είναι το αποτέλεσμα; Το παιδί δεν γνωρίζει τον γονιό του και ο γονιός δεν γνωρίζει το παιδί του. Ανάμεσά τους, υπάρχει εχθρότητα και αντιπαλότητα. Μπορεί να φτάσουν ακόμα και στο σημείο να σκοτώσουν ο ένας τον άλλο για εγωιστικούς λόγους.

243.   Παιδιά μου, η πραγμάτωση του Θεού δεν είναι εφικτή χωρίς πνευματική άσκηση. Ελάχιστοι είναι εκείνοι που είναι πρόθυμοι να κοπιάσουν γι' αυτό. Στα εργοστάσια, οι εργάτες της νυκτερινής βάρδιας εργάζονται όλο το βράδυ άυπνοι. Εντούτοις, δεν χάνουν

τη συγκέντρωσή τους με τη δικαιολογία ότι χρειάζονται ύπνο. Αν αφαιρεθούν έστω και λίγο, μπορεί να χάσουν το πόδι τους ή το χέρι τους, και να χάσουν, επίσης, και τη δουλειά τους. Αυτού του είδους η εγρήγορση και η συγκέντρωση είναι απαραίτητες και στα πνευματικά ζητήματα.

244.   Βλέποντας το σούρουπο, ένα μικρό παιδί μπορεί να σκέφτεται «ο ήλιος χάνεται!», και να ανησυχεί. Το πρωί, όταν ο ήλιος ανατείλει, το παιδί αγαλλιάζει που τον βλέπει ξανά. Το παιδί δεν γνωρίζει την αλήθεια για την ανατολή και την δύση του ηλίου. Παιδιά μου, για τον ίδιο λόγο οι άνθρωποι χαίρονται για κάθε απόκτημα και πενθούν για κάθε απώλεια.

245.   Μερικές φορές, βλέπουμε τους βαρκάρηδες να καθοδηγούν τις πάπιες μέσα στη λιμνοθάλασσα. Η βάρκα είναι τόσο μικρή που ούτε ο βαρκάρης δεν μπορεί να σταθεί πάνω της με άνεση. Αν βάλει το πόδι του σε λάθος

σημείο, η βάρκα μπορεί να βυθιστεί. Μια απρό-
σεκτη κίνηση είναι αρκετή για να αναποδογυρί-
σει· τόσο μικρή είναι. Ο βαρκάρης καθοδηγεί
όρθιος τις πάπιες για να μην παρεκκλίνουν από
την πορεία τους, χτυπώντας το κουπί του στο
νερό. Αν η βάρκα βάλει νερά, τα βγάζει με τα
πόδια του. Συνομιλεί, επίσης, με ανθρώπους
που στέκονται στη στεριά, και που και που,
καπνίζει και το τσιγάρο του. Παρότι κάνει όλα
αυτά τα πράγματα πάνω στην μικρή βάρκα, ο
νους του είναι πάντα εστιασμένος στο κουπί.
Αν αφαιρεθεί έστω και για λίγο, η βάρκα θα
αναποδογυρίσει και θα πέσει στο νερό. Παιδιά
μου, έτσι πρέπει να ζούμε κι εμείς στον κόσμο.
Όποια εργασία και αν κάνουμε, ο νους μας
πρέπει να είναι εστιασμένος στο Θεό.

246.   Σε έναν παραδοσιακό χορό, ο χο-
ρευτής βάζει ένα δοχείο στο κεφάλι του και
κάνει διάφορες φιγούρες. Χορεύει και κυλιέται
στο έδαφος. Ο νους του, όμως, είναι συνέχεια

εστιασμένος στο δοχείο. Παρομοίως, με συνεχή εξάσκηση, είναι δυνατόν να εστιάζουμε το νου μας στο Θεό, ενώ κάνουμε οποιαδήποτε εργασία.

247.   Να προσεύχεστε στο Θεό σε απομόνωση, με δάκρυα στα μάτια. Αν έχετε μια πληγή στο σώμα, ο νους σας τη σκέφτεται συνεχώς. Παρομοίως, υποφέρουμε από την ασθένεια της μετενσάρκωσης (νέννηση, θάνατος και επαναγέννηση). Πρέπει να επιθυμούμε ειλικρινά να θεραπευθούμε από αυτή την αρρώστια. Μόνο τότε οι προσευχές μας θα είναι ειλικρινείς και η καρδιά μας θα λιώνει από αγάπη για το Θεό.

248.   Ο Μπράχμα, ο Βίσνου και ο Σίβα[5] δημιουργούν, συντηρούν και καταστρέφουν τις επιθυμίες. Οι άνθρωποι δημιουργούν και

---

5 Ο Μπράχμα, ο Βίσνου και ο Σίβα είναι οι τρεις όψεις του Θεού, οι οποίες συνδέονται με την δημιουργία, την διατήρηση και την διάλυση του σύμπαντος.

διατηρούν τις επιθυμίες τους, αλλά δεν τις κατα-
στρέφουν. Παιδιά μου, αυτό που είναι αναγκαίο
στην εποχή μας, είναι η εξάλειψη των επιθυμιών.

249.   Οι εργαζόμενοι σε μια επιχείρηση ή
σε μια τράπεζα διαχειρίζονται εκατομμύρια
ρουπίες, γνωρίζουν όμως ότι τα χρήματα δεν
τους ανήκουν. Επομένως, αυτά τα χρήματα δεν
απασχολούν το νου τους. Γνωρίζουν, επίσης, ότι
οι πελάτες τους δεν είναι μέλη της οικογένειας
τους, και ότι τους φέρονται ευγενικά με ιδιοτελή
κίνητρα. Επομένως, η συμπεριφορά των πελα-
τών δεν τους απασχολεί ιδιαίτερα. Και εμείς
πρέπει να κάνουμε το ίδιο. Όταν ζούμε με την
κατανόηση ότι κανείς και τίποτα σε αυτό τον
κόσμο δεν μας ανήκει, τότε όλα τα προβλήματά
μας εξαφανίζονται.

250.   Παιδιά μου, με την επίγνωση του σκο-
πού μας έρχεται η συγκέντρωση. Μόνο μέσω
της συγκέντρωσης θα προοδεύσουμε.

251.   Ο σπόρος του μάνγκο είναι πικρός.
Με τις κατάλληλες συνταγές, όμως, μπορού-
με να φτιάξουμε πολλά διαφορετικά πιάτα.
Αυτό, βέβαια, απαιτεί προσπάθεια. Η Σριμάντ
Μπαγκαβατάμ απευθύνεται στους αναζητητές.
Αν την διαβάζετε με επίγνωση, όλες οι αρχές
της πνευματικότητας θα σας φανερωθούν. Για
εκείνους, όμως, που δεν έχουν ερευνητικό νου,
είναι απλώς μια ιστορία. Γενικά, δεν είναι καλό
να απαγγέλει κάποιος την Μπαγκαβατάμ με-
γαλόφωνα για να κερδίζει χρήματα. Αν, όμως,
ένας οικογενειάρχης δεν έχει άλλο τρόπο να
κερδίζει τα προς το ζην, τότε δεν είναι κακό να
αμείβεται για να διαβάζει το βιβλίο αυτό.

252.   Αν θέλατε να ζήσετε σε ένα μέρος που
είναι γεμάτο σκουπίδια, θα έπρεπε να τα μαζέ-
ψετε και να τα κάψετε. Μόνο έτσι θα μπορού-
σατε να μείνετε εκεί. Θα μπορούσατε να κάνετε
τζάπα και διαλογισμό με όλα αυτά τα σκουπίδια
γύρω σας; Η δυσοσμία των σκουπιδιών δεν θα

σας άφηνε να ηρεμήσετε το νου σας. Οι χόμα (λατρευτικές τελετουργίες με τη χρήση φωτιάς) και οι γιάγκνυα (λατρευτικές προσφορές) εκτελούνται για τον εξαγνισμό της ατμόσφαιρας. Χάρη σε αυτές έχουμε καθαρό αέρα. Ο Θεός, όμως, δεν χρειάζεται τις χόμα και τις γιάγκνυα.

253.   Στο όνομα της πολιτικής, οι άνθρωποι δεν διστάζουν να διαπράξουν φόνους ή να σπαταλήσουν τεράστια χρηματικά ποσά. Εκατομμύρια ρουπίες έχουν δαπανηθεί για μερικές πέτρες από το φεγγάρι. Οι άνθρωποι, όμως, σπανίως ενδιαφέρονται να εκτελέσουν τη χόμα και τη γιάγκνυα, που κοστίζουν πολύ λιγότερο και είναι ευεργετικές για την κοινωνία. Μπορεί κάποιος να μην εκτελεί αυτές τις ιερές τελετουργίες, αλλά το να τις καταδικάζει χωρίς να γνωρίζει τα ευεργετήματά τους, είναι κάτι το παράλογο. Πρόκειται για μια μορφή τύφλωσης.

254.   Παιδιά μου, μπορείτε να ζείτε ταυτό-
χρονα πνευματική και κοσμική ζωή. Ανεξάρτη-
τα, όμως, από τον τρόπο ζωής σας, θα πρέπει
να μπορείτε να εκτελείτε τις πράξεις σας χωρίς
προσκολλήσεις ή προσδοκίες.

Όταν σκεφτόμαστε «κάνω αυτό, επομένως
δικαιούμαι ανταμοιβή», το αποτέλεσμα είναι να
υποφέρουμε. Επίσης, δεν πρέπει ποτέ να σκε-
πτόμαστε ότι η σύζυγος, ο σύζυγος ή το παιδί
μας είναι κτήμα μας. Αν έχουμε την στάση ότι
τα πάντα ανήκουν στο Θεό, τότε δεν θα έχουμε
καμία προσκόλληση. Όταν πεθάνουμε, δεν θα
πάρουμε μαζί μας ούτε τον σύντροφο ούτε τα
παιδιά μας. Μόνο ο Θεός είναι αιώνιος.

255.   Όσο πλούτο κι αν κατέχουμε, αν δεν
κατανοήσουμε την αξία και το σωστό τρόπο
χρήσης του, το αποτέλεσμα θα είναι μόνο η
δυστυχία. Παιδιά μου, η ικανοποίηση που σας
δίνουν τα πλούτη είναι μόνο προσωρινή, δεν
μπορούν να σας χαρίσουν την αιώνια ευτυχία.

Άραγε, βασιλιάδες όπως ο Κάμσα και ο Χιρα-
νυακασίπου, δεν κατείχαν τεράστια πλούτη; Ο
Ράβανα, παρόλο που είχε τα πάντα, είχε, μήπως,
ειρηνικό νου; Όλοι αυτοί παρέκκλιναν από το
μονοπάτι της Αλήθειας και έζησαν υπεροπτι-
κά. Διέπραξαν πολλές ανομίες. Ποιό ήταν το
αποτέλεσμα; Έχασαν κάθε αίσθηση ειρήνης και
ηρεμίας του νου.

256.   Η Άμμα δεν ισχυρίζεται ότι οι άνθρω-
ποι πρέπει να ξεφορτωθούν τα πλούτη τους. Αν
μπορέσουμε να κατανοήσουμε πώς να αξιοποι-
ήσουμε την περιουσία μας με τον σωστό τρόπο,
η ειρήνη και η ευτυχία θα γίνουν ο πραγματικός
μας πλούτος. Παιδιά μου, για εκείνους που
είναι πλήρως αφοσιωμένοι στο Θεό, ο υλικός
πλούτος είναι σαν το μαγειρεμένο ρύζι μέσα
στο οποίο έχει πέσει άμμος.

Απελευθέρωση από τη δυστυχία

257.   Το αποτέλεσμα μιας πράξης μπορεί να αντισταθμιστεί από μια άλλη πράξη. Αν πετάξουμε μια πέτρα προς τα πάνω, μπορούμε να την πιάσουμε πριν πέσει στο έδαφος. Παρομοίως, το αποτέλεσμα οποιασδήποτε πράξης μπορεί να αλλάξει στην πορεία. Δεν υπάρχει λόγος να θρηνείτε και να τα βάζετε με την μοίρα σας. Η μοίρα μπορεί να αλλάξει με το θέλημα του Θεού. Το ωροσκόπιο ενός ατόμου μπορεί, για παράδειγμα, να δείχνει μια ισχυρή πιθανότητα γάμου, αν όμως το άτομο αυτό κάνει πνευματική άσκηση από νεαρή ηλικία, αυτή η προοπτική μπορεί να αλλάξει. Υπάρχουν παρόμοια παραδείγματα ακόμα και στα έπη.

258.   Το άτομο που ταξιδεύει κατά μήκος ενός ποταμού δεν σκέφτεται από που αυτός πηγάζει. Στο παρελθόν ίσως κάναμε πολλά λάθη. Δεν ωφελεί, όμως, σε τίποτα να τα σκεφτόμαστε

και να ανησυχούμε. Να προσπαθείτε να διαμορφώσετε το μέλλον. Αυτό είναι που χρειάζεται.

259.   Παιδιά μου, ποτέ να μην σκέφτεστε «είμαι ένας αμαρτωλός, δεν είμαι ικανός για τίποτα». Όσο σάπιες κι αν είναι οι ρίζες της κολοκάσια, αν υπάρχει έστω και μια ρίζα υγιής, ένα νέο βλαστάρι θα ξεπηδήσει. Παρομοίως, ακόμα κι αν υπάρχει ένα μόνο ίχνος πνευματικής σαμσκάρα (προδιάθεσης) μέσα μας, μπορούμε να προοδεύσουμε παραμένοντας προσηλωμένοι σε αυτό.

260.   Πάντα πιστεύαμε, ότι το σώμα έχει την μεγαλύτερη σημασία στη ζωή μας. Αυτή η σκέψη μας προκάλεσε μεγάλη δυστυχία. Τώρα ας σκεφθούμε το αντίθετο. Ο Εαυτός είναι αιώνιος. Ο Εαυτός είναι εκείνο που πρέπει να πραγματώσουμε. Αν αυτή η σκέψη εδραιωθεί

μέσα μας, όλη η δυστυχία μας θα εξαφανιστεί και θα μείνει μόνο ευδαιμονία.

261.   Όταν κουβαλάτε ένα βαρύ φορτίο, η σκέψη και μόνο ότι πλησιάζετε στον προορισμό σας, σάς δίνει κουράγιο γιατί σύντομα θα μπορέσετε να το ξεφορτώσετε. Αντιθέτως, όταν σκέφτεστε ότι ο προορισμός σας είναι πολύ μακριά, το φορτίο σας φαίνεται βαρύτερο. Παρομοίως, όταν σκεφτόμαστε ότι ο Θεός είναι κοντά μας, όλα τα βάρη μας ελαφραίνουν. Από τη στιγμή που έχετε ανέβει σε μια βάρκα ή σε ένα λεωφορείο, ποιός ο λόγος να συνεχίσετε να κουβαλάτε τις βαλίτσες σας; Απλά, αφήστε τις κάτω! Παρομοίως, αφιερώστε τα πάντα στο Θεό. Εκείνος θα σας προστατέψει.

262.   Οι άνθρωποι, σε όποιο μέρος κι αν πάνε, πάντα βρίσκουν κάτι που να μην τους αρέσει σε αυτό. Εξαιτίας αυτής της στάσης, ο νους τους είναι συνεχώς ανήσυχος. Αυτή η

συνήθεια, λοιπόν, πρέπει να αλλάξει. Πρέπει να αγνοούμε ό,τι μας φαίνεται αρνητικό στο μέρος όπου βρισκόμαστε, και να προσπαθούμε να ανακαλύψουμε τα θετικά, δείχνοντας τον ανάλογο σεβασμό. Αυτό είναι που χρειάζεται. Να βλέπετε μόνο το καλό παντού και στα πάντα. Μόνο τότε, όλη η δυστυχία σας θα εξαλειφθεί.

263.   Ας υποθέσουμε ότι περπατάμε και πέφτουμε μέσα σε μια τρύπα. Τιμωρούμε τα μάτια μας, επειδή δεν μας καθοδήγησαν σωστά; Όπως ακριβώς υπομένουμε την όποια αδυναμία στην όραση μας, κατά τον ίδιο τρόπο πρέπει να δείχνουμε συμπόνια απέναντι στους άλλους και να ανεχόμαστε τις δικές τους αδυναμίες.

Βασάνας

Έμφυτες τάσεις

264.   Αν ένα μυρμήγκι μπει μέσα στη ζάχα-
ρη, σύντομα θα εμφανισθούν κι άλλα. Παρομοί-
ως, ακόμα και το παραμικρό ίχνος εγωισμού,
θα προετοιμάσει το έδαφος για να εμφανιστούν
κι άλλα βασάνας.

265.   Η εξάλειψη των βασάνας και η κατα-
στροφή του νου (του εγώ) είναι το ίδιο πράγμα.
Αυτό ακριβώς είναι η απελευθέρωση.

266.   Το πρώτο βασάνας σε μια ατομική
ψυχή εκπορεύεται από το Θεό, και το κάρμα
αρχίζει από αυτό. Κάθε νέα γέννηση καθορίζε-
ται από το κάρμα. Ο τροχός της γέννησης, του
θανάτου και της επαναγέννησης περιστρέφεται
κατ' αυτό τον τρόπο. Μόνο μέσω της εξάλειψης
των βασάνας μπορούμε να ξεφύγουμε από αυ-
τόν τον φαύλο κύκλο. Πνευματικές πρακτικές

όπως το σάτσανγκ, τα λατρευτικά τραγούδια και ο διαλογισμός βοηθούν στην εξάλειψη των βασάνας.

267.   Τα βασάνας ενός ατόμου θα παραμείνουν μέχρι να φτάσει στην απελευθέρωση. Μόνο στην κατάσταση της απελευθέρωσης, θα εξαλειφθούν τελείως. Μέχρι να φτάσει εκεί, ο πνευματικός αναζητητής θα πρέπει να προχωρά με μεγάλη διάκριση, γιατί η πτώση είναι πιθανή ανά πάσα στιγμή. Όσοι οδηγούν σε δρόμους με κίνηση πρέπει να είναι πολύ προσεκτικοί. Αν τα μάτια τους φύγουν έστω και για μια στιγμή από το δρόμο, μπορεί να συμβεί ατύχημα. Σε έναν άδειο δρόμο, όμως, δεν υπάρχει τέτοιος κίνδυνος, γιατί μόνο ο οδηγός και το αυτοκίνητο βρίσκονται εκεί. Στο ξεκίνημα της πνευματικής ζωής, υπάρχουν πολλοί κίνδυνοι, και γι' αυτό απαιτείται μεγάλη προσοχή και επαγρύπνηση. Στην κατάσταση της απελευθέρωσης υπάρχει

μόνο ο αγνός Εαυτός – δεν υπάρχει δυϊσμός και, επομένως, κανένας κίνδυνος.

268.　Τα βασάνας μιας απελευθερωμένης ψυχής, δεν είναι βασάνας με την πραγματική έννοια του όρου. Ο θυμός, για παράδειγμα, είναι μόνο μια εξωτερική παράσταση. Όσοι έχουν φτάσει στην απελευθέρωση είναι απόλυτα αγνοί στο εσωτερικό τους. Ο ασβέστης μπορεί να σταθεροποιηθεί και να πάρει μορφή, όταν όμως τον αγγίξεις θα διαλυθεί.

269.　Παιδιά μου, μόνο ένας πνευματικός Δάσκαλος μπορεί να εξαλείψει πλήρως τα βασάνας σας. Διαφορετικά, θα πρέπει κάποιος να έχει γεννηθεί με ισχυρή πνευματική προδιάθεση. Το τσακάλι σκέφτεται: «Δεν θα ουρλιάξω ποτέ ξανά όταν δω σκύλο!» Την επόμενη φορά, όμως, που θα δει ένα σκύλο, η ίδια ιστορία επαναλαμβάνεται. Το ίδιο συμβαίνει και με τα βασάνας.

270.   Δεν είναι εύκολο να σταματήσετε την ροή των σκέψεων. Αυτό είναι ένα προχωρημένο στάδιο. Μπορείτε, όμως, να καταστρέψετε τις ακάθαρτες σκέψεις αυξάνοντας τις αγνές σκέψεις.

271.   Τα αρνητικά βασάνας δεν εξαφανίζονται. Είναι, όμως, δυνατόν να τα εξαλείψετε με καλές σκέψεις, ακριβώς όπως όταν σε ένα δοχείο με αλμυρό νερό προσθέτουμε καθαρό νερό, το αλμυρό νερό σταδιακά αραιώνει.

Σίντις

Ψυχικές δυνάμεις

272.   Παιδιά μου, η επίδειξη ψυχικών δυνάμεων, πέρα από κάποιο όριο, είναι ενάντια στην φύση. Όταν κάποιοι κάνουν επίδειξη των σίντις, οι άνθρωποι γοητεύονται. Οι πραγματωμένες ψυχές αποφεύγουν, στο μέτρο του δυνατού, να κάνουν κάτι τέτοιο. Ακόμα και όταν το κάνουν, δεν χάνουν τίποτα από αυτό. Αν οι ψυχικές δυνάμεις εκδηλώνονται με σκοπό την αλλαγή ενός ανθρώπου ώστε να γίνει σαννυάσιν, τότε αυτό είναι ευεργετικό για τον κόσμο. Αν, όμως, ένας αναζητητής γοητευθεί από τα σίντις, τότε θα παρεκκλίνει από τον στόχο του.

273.   Οι πραγματωμένες ψυχές δεν επιδεικνύουν τις δυνάμεις τους. Κάτι τέτοιο είναι εξαιρετικά σπάνιο. Κάτω από ειδικές συνθήκες, οι δυνάμεις τους μπορεί να εκδηλωθούν αυθόρμητα, αλλά αυτό δεν γίνεται να ικανοποιηθεί η

περιέργεια των ανθρώπων. Μην προσπαθείτε να αποκτήσετε σίντις. Είναι κι αυτά εφήμερα. Μια θεϊκή ενσάρκωση έρχεται να εξαλείψει τις επιθυμίες, όχι να τις δημιουργήσει.

Σαμάντι

274.   Παιδιά μου, το σαχάτζα σαμάντι (η φυσική εδραίωση στον Εαυτό) είναι τελειότητα. Η ψυχή που φτάνει σε αυτή την κατάσταση διακρίνει το θεϊκό στοιχείο παντού. Μια τέτοια ψυχή αντιλαμβάνεται παντού μόνο την αγνή συνειδητότητα, άσπιλη από κάθε ίχνος μάγια (ψευδαίσθησης). Όπως ένας γλύπτης, όταν παρατηρεί μια πέτρα, βλέπει μόνο τη μορφή που μπορεί να σμιλέψει, έτσι και ένας μαχάτμα βλέπει μόνο την πανταχού παρούσα θεϊκότητα να διαπερνά τα πάντα.

275.   Φανταστείτε μια λαστιχένια μπάλα και μία στεφάνη. Η μπάλα συμβολίζει το νου και η στεφάνη τον πνευματικό μας στόχο. Η μπάλα αναπηδά συνεχώς πάνω-κάτω και μερικές φορές φτάνει στη στεφάνη και σταματά να κινείται. Αυτή η κατάσταση μπορεί να ονομαστεί σαμάντι. Η μπάλα, όμως, δεν μένει εκεί μόνιμα. Θα

ξαναρχίσει να κινείται πάνω-κάτω. Στο τέλος, η μπάλα μένει μόνιμα μέσα στη στεφάνη και δεν κινείται πια καθόλου. Αυτή η κατάσταση λέγεται σαχάτζα σαμάντι.

276.   Ο διαλογισμός πάνω σε μια μορφή μπορεί να οδηγήσει στο σαβικάλπα σαμάντι (αντίληψη της Πραγματικότητας ενώ διατηρείται η αίσθηση του δυϊσμού). Όταν ο αναζητητής βλέπει την μορφή της αγαπημένης του θεότητας, η αίσθηση του «εγώ» παραμένει. Επομένως, υπάρχει δυϊσμός. Στο διαλογισμό χωρίς μορφή, όμως, δεν υπάρχει ίχνος «εγώ», η αίσθηση του δυϊσμού έχει πλήρως εξαλειφθεί. Το νιρβικάλπα σαμάντι πραγματώνεται με αυτό τον τρόπο.

277.   Στη κατάσταση του νιρβικάλπα σαμάντι δεν υπάρχει άτομο να δηλώσει «είμαι το Μπράχμαν». Το άτομο έχει συγχωνευτεί με Εκείνο. Όταν ένας κοινός άνθρωπος φτάσει στο νιρβικάλπα σαμάντι, δεν μπορεί να γυρίσει

πίσω. Τη στιγμή της απορρόφησης στο σαμάντι, αν η ψυχή δεν έχει πάρει σθεναρά την απόφαση να γυρίσει πίσω, θα αφήσει το σώμα αμέσως. Όταν ανοίγουμε ένα μπουκάλι σόδας, το αέριο εκτινάσσεται και ενώνεται με τον αέρα. Παρομοίως, η ψυχή ενώνεται με το Μπράχμαν για πάντα. Μόνο οι θεϊκές ενσαρκώσεις μπορούν να διατηρήσουν τα σώματά τους, μετά την είσοδο τους στην κατάσταση του νιρβικάλπα σαμάντι. Έχοντας επίγνωση του σκοπού της ενσάρκωσής τους και διατηρώντας την απόφασή τους, κατεβαίνουν σε αυτόν τον κόσμο ξανά και ξανά.

278.   Παιδιά μου, για μια θεϊκή ενσάρκωση δεν υπάρχουν τέτοιες διακρίσεις όπως το νιρβικάλπα σαμάντι ή άλλες καταστάσεις κάτω ή πάνω από αυτό. Οι θεϊκές ενσαρκώσεις έχουν λίγους μόνο περιορισμούς, που έχουν οι ίδιες αποδεχτεί προκειμένου να υπηρετήσουν τον σκοπό της γέννησής τους.

279.   Ακόμα και μετά την εμπειρία του νιρ-
βικάλπα σαμάντι, δεν είναι όσοι το βίωσαν ίσοι.
Υπάρχει διαφορά ανάμεσα στον πνευματικό
αναζητητή που έχει βιώσει την κατάσταση του
σαμάντι και σε μια θεϊκή ενσάρκωση. Η διαφο-
ρά μπορεί να συγκριθεί με εκείνη που υπάρχει
ανάμεσα σε κάποιον που έχει απλώς επισκεφθεί
τη Βομβάη και έχει επιστρέψει, και σε κάποιον
που ζει μόνιμα εκεί. Αν τους ρωτήσετε αν έχουν
πάει στην Βομβάη, και οι δύο θα απαντήσουν
ναι, εκείνος όμως που ζει εκεί, έχει πλήρη γνώση
της πόλης.

280.   Γνωρίζετε πώς είναι η κατάσταση του
σαμάντι; Υπάρχει μονάχα ευδαιμονία. Ούτε
ευτυχία ούτε θλίψη. Δεν υπάρχει «εγώ» ή «εσύ».
Η κατάσταση αυτή μπορεί να συγκριθεί με
τον βαθύ ύπνο, με μια όμως βασική διαφορά:
Στη κατάσταση του σαμάντι υπάρχει πλήρης
επίγνωση, ενώ στον ύπνο δεν υπάρχει καθόλου
επίγνωση. Δεν υπάρχει αίσθηση του «εγώ»,

«εσύ» ή «εμείς» κατά τη διάρκεια του ύπνου. Το «εγώ», το «εσύ» και ο κόσμος εμφανίζονται μόνο όταν ξυπνήσουμε, και εξαιτίας της άγνοιάς μας τους δίνουμε πραγματικότητα.

281.   Είναι αδύνατον να περιγράψουμε την εμπειρία του Μπράχμαν. Είναι μια καθαρά υποκειμενική εμπειρία. Ακόμα και οι εγκόσμιες εμπειρίες είναι δύσκολο να περιγραφούν με λόγια. Ας υποθέσουμε ότι έχετε πονοκέφαλο. Μπορείτε να περιγράψετε επακριβώς πόσο πονάτε; Αν αυτό δεν είναι δυνατόν, πώς μπορούμε να περιγράψουμε με λόγια την εμπειρία του Μπράχμαν; Είναι αδύνατον.

Η Δημιουργία

282.   Παιδιά μου, λόγω της πρωταρχικής θέλησης, μια δόνηση προήλθε από το Μπράχμαν. Από αυτή τη δόνηση δημιουργήθηκαν οι τρεις γκούνας: σάτβα (καλοσύνη, αγνότητα, γαλήνη), ράτζας (δραστηριότητα, πάθος) και τάμας (σκοτάδι, αδράνεια, άγνοια). Οι τρεις γκούνας αντιπροσωπεύονται από την Τριάδα του Μπράχμα, του Βίσνου και του Σίβα, και βρίσκονται μέσα σε όλους μας. Οτιδήποτε υπάρχει στο σύμπαν, υπάρχει επίσης και μέσα μας.

283.   Στο σχετικό επίπεδο, ο Εαυτός είναι ταυτόχρονα και η ατομική ψυχή και ο Υπέρτατος Εαυτός. Η ατομική ψυχή βιώνει τα αποτελέσματα του κάρμα της (των πράξεων της). Ο Υπέρτατος Εαυτός είναι η συνειδητότητα που παρατηρεί. Δεν πράττει, είναι αδρανής.

284.　　Μόνο όταν υπάρχει μάγια (ψευδαίσθηση) υπάρχε. και Θεός. Όταν υπερβαίνουμε τη μάγια με συνεχή πνευματική άσκηση, φτάνουμε στην κατάσταση του Μπράχμαν. Σε αυτή την κατάσταση δεν υπάρχει ούτε ίχνος μάγια.

285.　　Παιδιά μου, μύθια[6] δεν σημαίνει ανυπαρξία, αλλά συνεχής μεταβολή. Για παράδειγμα, στην αρχή έχουμε τα φασόλια, στη συνέχεια το φαγητό που φτιάχνουμε τηγανίζοντας τα φασόλια σε λάδι μαζί με καρυκεύματα (βάντα πάτις). Η μορφή έχει αλλάξει, αλλά η ουσία δεν εξαφανίζεται.

286.　　Ακόμα κι αν μια παραλία είναι βρώμικη, συνεχίζουμε να απολαμβάνουμε την ομορφιά της θάλασσας. Έτσι δεν είναι; Ο νους δεν εστιάζεται στα σκουπίδια. Παρομοίως,

---

6　(Σ.τ.Μ.) Ο όρος αυτός αναφέρεται στον εφήμερο χαρακτήρα της ζωής στον υλικό κόσμο.

όταν ο νους είναι προσηλωμένος στο Θεό, δεν παγιδεύεται στη μάγια.

287.   Ίσως θεωρείτε μια βελόνα ασήμαντη, διότι είναι κάτι φτηνό. Η αξία ενός αντικειμένου, όμως, δεν καθορίζεται από το κόστος του, αλλά από τη χρήση του. Για την Άμμα, η βελόνα δεν είναι κάτι ασήμαντο. Για οποιοδήποτε αντικείμενο, πρέπει να εξετάζετε την χρησιμότητά του και όχι την τιμή του. Κατ' αυτό τον τρόπο, τίποτα δεν είναι ασήμαντο.

288.   Ορισμένοι άνθρωποι ισχυρίζονται ότι η Δημιουργία δεν συνέβη. Κατά τη διάρκεια του ύπνου, δεν έχουμε επίγνωση. Δεν υπάρχει το σήμερα ή το αύριο, δεν υπάρχει κανείς — ούτε το «εγώ», το «εσύ», ο σύζυγος, η σύζυγος, το παιδί ή το σώμα. Αυτό είναι ένα ακόμη παράδειγμα για να δείξουμε ότι ο μόνο το Μπράχμαν υπάρχει, ακόμα κι αν τίποτα άλλο δεν υπάρχει. Η αντίληψη του «εγώ» και «δικό μου» είναι η

αιτία όλων των προβλημάτων. Μπορεί κάποιος να αναρωτηθεί: «Άραγε, δεν υπάρχει μια οντότητα που απολαμβάνει τον ύπνο, η οποία όταν ξυπνήσει αναφωνεί, "κοιμήθηκα καλά"»; Λέμε ότι κοιμηθήκαμε καλά μόνο εξαιτίας της ικανοποίησης και της ξεκούρασης που αισθάνεται το σώμα από τον ύπνο.

Ορθολογισμός

289.   Παιδιά μου, το γεγονός ότι υπάρχουν διαφωνίες ανάμεσα σε ορισμένους φανατικούς της θρησκείας, δεν σημαίνει ότι οι ναοί και οι τόποι λατρείας δεν είναι αναγκαίοι. Μήπως εκείνοι που υποστηρίζουν αυτή την άποψη, θεωρούν ότι τα νοσοκομεία και οι γιατροί δεν είναι επίσης απαραίτητοι, επειδή συμβαίνουν ιατρικά λάθη; Ασφαλώς όχι. Οι θρησκευτικές συγκρούσεις είναι που πρέπει να εξαλειφθούν, και όχι οι ναοί του Θεού.

290.   Τους παλιούς καιρούς, οι ορθολογιστές αγαπούσαν τους συνανθρώπους τους. Ποιοι, όμως, είναι οι σημερινοί ορθολογιστές; Εκείνοι, οι οποίοι, προβάλλοντας τον εαυτό τους ως ορθολογιστές, μεγαλοποιούν το εγώ τους υποβιβάζοντας τους άλλους. Αληθινός ορθολογιστής είναι εκείνος που είναι αφοσιωμένος στις αρχές της αλήθειας. Κάποιος που αγαπάει πραγματικά

τους άλλους, ακόμη και εις βάρος της δικής του ζωής. Ο Θεός υποκλίνεται μπροστά σε έναν τέτοιο άνθρωπο. Ποσοι, όμως, άνθρωποι αυτού του είδους υπάρχουν σήμερα;

291.   Όταν ο πιστός καλλιεργεί την αφοσίωση και την ευλάβεια, αρετές όπως η αγάπη, η συμπόνια, η αλήθεια, η ηθική και η δικαιοσύνη εμφανίζονται αυθόρμητα μέσα του. Όσοι τον συναναστρέφονται, βρίσκουν ειρήνη και παρηγοριά στην παρουσία του. Αυτό το όφελος εισπράττει ο κόσμος από έναν αληθινό πιστό του Θεού. Οι σημερινοί ορθολογιστές, όμως, επαναλαμβάνουν δυο-τρεις φράσεις που διάβασαν σε κάποιο βιβλίο, χωρίς να έχουν προηγουμένως μελετήσει σε βάθος τις γραφές ή οτιδήποτε άλλο, και διατυμπανίζουν τις υποτιθέμενες γνώσεις τους. Γι' αυτό, η Άμμα υποστηρίζει ότι ο ορθολογισμός της σύγχρονης εποχής, απλά στρώνει το δρόμο που οδηγεί στη καταστροφή του ανθρώπου.

Η Φύση

292.   Οι πράξεις της ανθρωπότητας καθορίζουν τη χάρη της φύσης.

293.   Παιδιά μου, η φύση είναι ένα βιβλίο για μελέτη. Κάθε αντικείμενο στη φύση είναι μια σελίδα του βιβλίου αυτού.

294.   Οι πνευματικοί αναζητητές αξιοποιούν την ενέργεια στη φύση για το διαλογισμό τους, την τροφή τους και για πολλούς άλλους σκοπούς. Το δέκα τοις εκατό, τουλάχιστον, της ενέργειας και των πόρων που παίρνουμε από τη Φύση, θα πρέπει να χρησιμοποιείται για να βοηθάμε τους συνανθρώπους μας. Διαφορετικά, η ζωή δεν έχει καμία αξία.

Παιδιά μου, επίσης να θυμάστε

295.   Δεν θα πρέπει να θυμώνουμε με έναν άνθρωπο που συμπεριφέρεται άδικα. Αν εμφανιστεί θυμός, θα πρεπει να κατευθύνεται προς τις πράξεις του και όχι προς τον ίδιον.

296.   Παιδιά μου, να τρώτε για να ζείτε, να κοιμάστε για να ξυπνάτε.

297.   Παιδιά μου, ο σκοπός της ζωής είναι η αυτοπραγμάτωση. Να αγωνίζεστε γι' αυτό τον σκοπό. Όταν έχουμε μια πληγή στο σώμα μας, πρώτα την καθαρίζουμε και μετά απλώνουμε την αλοιφή. Διαφορετικά, η πληγή θα μολυνθεί και δεν θα επουλωθεί. Κατά τον ίδιο τρόπο, η «πληγή» του εγώ πρέπει να καθαριστεί με την αφοσίωση, και να καλυφθεί με τη γνώση. Μόνο τότε θα αποκτήσουμε διευρυμένη συνείδηση.

298.   Ο άνθρωπος έχει θεϊκή προέλευση.
Μια αμυδρή επίγνωση αυτού του γεγονότος
υπάρχει ήδη μέσα μας. Η επίγνωση αυτή, πρέ-
πει όμως να γίνει πλήρης.

299.   Το βρώμικο λίπασμα βοηθά να ανα-
πτυχθούν όμορφα και ευωδιαστά λουλούδια.
Παρομοίως, η δύναμη που αντλούμε από τις
δοκιμασίες και τις αντιξοότητες της ζωής, ανα-
δεικνύει την μεγαλοσύνη μας.

300.   Γύρω μας υπάρχουν αμέτρητοι άνθρω-
ποι που αγωνίζονται να επιβιώσουν χωρίς στέγη,
ρουχισμό, τροφή ή ιατρική περίθαλψη. Με τα
χρήματα που ξοδεύει ένα άτομο για τα τσιγάρα
ενός χρόνου, θα μπορούσε να χτιστεί ένα μικρό
κατάλυμα για έναν άστεγο. Η καλλιέργεια της
συμπόνιας μας για τους φτωχούς, θα εξαλείψει
των εγωισμό μας. Σε αυτή την περίπτωση δεν
χάνουμε κάτι. Αντιθέτως, εισπράττουμε ικα-
νοποίηση από την ευτυχία των άλλων. Όταν

είμαστε ελεύθεροι από τον εγωισμό, η χάρη του Θεού μας κατακλύζει.

301.   Παιδιά μου, μόνο εκείνοι που έχουν μελετήσει, μπορούν να διδάξουν. Μόνο εκείνοι που έχουν, μπορούν να δώσουν. Και μόνο εκείνοι που έχουν κατορθώσει να απελευθερωθούν πλήρως από τη θλίψη, μπορούν να απελευθερώσουν πλήρως τους άλλους από τη θλίψη.

302.   Σε κάθε τόπο υπάρχει ένα κέντρο, το οποίο είναι η καρδιά του. Σε αυτό το κέντρο συγκεντρώνεται όλη η ενέργεια. Παρομοίως, η Ινδία είναι η καρδιά του κόσμου. Το Σανάτανα Ντάρμα (η αιώνια θρησκεία), το οποίο γεννήθηκε στην Ινδία, είναι η πηγή όλων των άλλων μονοπατιών. Στο άκουσμα και μόνο της λέξης «Μπαράταμ» (Ινδία), μας κατακλύζει αυθόρμητα ειρήνη, ομορφιά και φως. Αυτό συμβαίνει γιατί η Ινδία είναι η χώρα των μαχάτμα. Οι

μαχάτμα μεταδίδουν την ενέργεια της ζωής όχι μόνο στην Ινδία, αλλά και σε όλο τον κόσμο.

303.   Η θεϊκή συνειδητότητα διαπερνά τη δροσιά της αύρας, την απεραντοσύνη του ουρανού, την ομορφιά της πανσελήνου, όλα τα όντα και όλα τα πράγματα. Ο σκοπός της ζωής είναι αυτή ακριβώς η συνειδητοποίηση. Σε αυτή την Κάλι Γιούγκα, μια ομάδα νέων ανθρώπων, έχοντας θυσιάσει τα πάντα, θα γυρίσει τον κόσμο μεταδίδοντας παντού την πνευματική δόξα.

304.   Παιδιά μου, κοιτάξτε ψηλά στον ουρανό. Να είστε σαν τον ουρανό, απεριόριστοι, ειρηνικοί και συμπονετικοί.

Γλωσσάρι

Άβαταρ: «Κάθοδος». Θεϊκή ενσάρκωση, σκοπός της οποίας είναι να προστατέψει το δίκαιο, να καταστρέψει το κακό και την ανομία και να καθοδηγήσει την ανθρωπότητα στον πνευματικό στόχο της Αυτοπραγμάτωσης. Είναι πολύ σπάνιο μια τέτοια ενσάρκωση να αποτελεί πλήρη «κάθοδο» της Θεϊκής δύναμης (*πουρνάβαταρ*).

Βασάνας: *Βας* = ζωντανό, κατάλοιπο. Τα *βασάνας* είναι οι λανθάνουσες τάσεις ή λεπτοφυείς επιθυμίες που υπάρχουν στο νου και οι οποίες εκδηλώνονται σε πράξεις και συνήθειες. Τα *βασάνας* είναι αποτελέσματα των εμπειριών (*σαμσκάρας*) που έχουν καταγραφεί στο υποσυνείδητο.

Γιόγκα: «Ένωση». Σύνολο μεθόδων μέσω των οποίων ο άνθρωπος μπορεί να φτάσει στην ένωση με το Θείο. Πνευματικό μονοπάτι που οδηγεί στην Αυτοπραγμάτωση.

Γιόγκι: Κάποιος που έχει εδραιωθεί στην πρακτική της *γιόγκα*, ή στην ένωση με το Υπέρτατο Ον.

Γκούνα: Η πρωταρχική φύση (*πρακρίτι*) αποτελείται από τρεις *γκούνα*, δηλαδή βασικές ιδιότητες ή τάσεις, οι οποίες διέπουν κάθε εκδήλωση στον *κόσμο*. Οι *γκούνα* αυτές είναι οι εξής: *σάτβα*, *ράτζας* και *τάμας*. Αυτές οι τρεις *γκούνα* συνεχώς δρουν και αντιδρούν η μία με την άλλη. Ο υλικός *κόσμος* αποτελείται από διαφορετικούς συνδυασμούς αυτών των τριών *γκούνα*.

Γκούρου: «Εκείνος που διαλύει το σκοτάδι της άγνοιας.» Πνευματικός Δάσκαλος.

Γκυάνα γιόγκα: «Ένωση μέσω της *γκυάνα*». Το μονοπάτι της γνώσης του Εαυτού και της αληθινής φύσης του κόσμου. Περιλαμβάνει την ειλικρινή και σε βάθος μελέτη των ιερών γραφών, τη μη προσκόλληση (*βαϊράγκια*), τη διάκριση (*βιβέκα*), το διαλογισμό και τη μέθοδο της αυτοέρευνας («ποιος είμαι;» και

«είμαι τς Μπράχμαν»), η οποία χρησιμο-
ποιείται για τη διάλυση της ψευδαίσθησης
της μάγια και την επίτευξη του στόχου της
Αυτοπραγμάτωσης.

Κάρμα γιόγκα: «Ένωση μέσω της δράσης».
Το πνευματικό μονοπάτι της ανιδιοτελούς,
χωρίς προσκόλληση υπηρεσίας και της
παράδοσης των καρπών όλων των πράξεων
στο Θεό.

Κρίσνα: «Εκείνος που μας ελκύει κοντά του»,
«ο Σκουρόχρωμος». Η κύρια ενσάρκωση
του Βίσνου, δηλαδή εκείνης της όψης του
Θεού που συντηρεί το σύμπαν. Ο Κρίσνα
γεννήθηκε σε βασιλική οικογένεια, αλλά
ανατράφηκε από θετούς γονείς και μεγά-
λωσε σαν βοσκός στο Βριντάβαν, όπου
έγινε αντικείμενο λατρείας από τους αφο-
σιωμένους συντρόφους του, τους γκόπα και
τις γκόπι (βοσκούς και βοσκοπούλες). Ο
Κρίσνα έγινε αργότερα βασιλιάς της πόλης
Ντβάρακα. Ήταν φίλος και σύμβουλος των

Πάνταβα, των ξαδέρφων του, και ιδιαίτερα του Αρτζούνα, στον οποίον αποκάλυψε τη διδασκαλία της *Μπαγκαβάτ Γκιτά*.

Μάντρα: Ιερές συλλαβές ή προσευχές. Μέσω της συνεχούς επανάληψής τους, τα μάντρα αφυπνίζουν τις πνευματικές δυνάμεις του αναζητητή και τον βοηθούν να φτάσει στο στόχο του. Τα μάντρα είναι περισσότερο αποτελεσματικά, όταν μεταδίδονται από έναν αληθινό πνευματικό Δάσκαλο.

Μαχάτμα: «Μεγάλη ψυχή». Όταν η Άμμα χρησιμοποιεί τον όρο *«μαχάτμα»*, αναφέρεται σε ανθρώπους που έχουν φτάσει στην Αυτοπραγμάτωση.

Μπάκτι γιόγκα: «Ένωση μέσω της *μπάκτι*». Το μονοπάτι της αφοσίωσης και της αγάπης. Μέθοδος για την επίτευξη της Αυτοπραγμάτωσης μέσω της αφοσίωσης και της πλήρους παράδοσης στο Θεό.

Μπάτζαν: Λατρευτικά τραγούδια.

Μπράχμα Σούτρας: Ρήσεις του σοφού Βέδα Βυάσα που πραγματεύονται τη φιλοσοφία της Βεδάντα.

Μπραχματσάρια: «Εδραίωση στο Μπράχμαν». Αγαμία και πειθαρχία του νου και των αισθήσεων.

Ναρασίμχα: Ο θεϊκός άνθρωπος-λιοντάρι. Μερική ενσάρκωση του Θεού Βίσνου.

Ντάρμα: «Αυτό που στηρίζει το σύμπαν». Ο όρος *ντάρμα* έχει πολλές έννοιες: ο θεϊκός νόμος, ο νόμος της ζωής σύμφωνα με τη θεϊκή αρμονία, το δίκαιο, η θρησκεία, το καθήκον, η αρετή, η καλοσύνη και η αλήθεια. Το *ντάρμα* περιλαμβάνει τις εσωτερικές αρχές της θρησκείας. Το υπέρτατο *ντάρμα* ενός ανθρώπου είναι να πραγματώσει την έμφυτη θεϊκότητά του.

Ντίκσα: Μύηση.

Ότζας: Η σεξουαλική ενέργεια που μετουσιώνεται σε λεπτοφυή ζωτική ενέργεια, μέσω της πνευματικής άσκησης που εκτελεί ένας άγαμος μαθητής.

Πραναγιάμα: Έλεγχος του νου μέσω του ελέγχου της αναπνοής.

Ρίσι: *«Ρσι»* = γνωρίζω. Φωτισμένος σοφός. Ο όρος αναφέρεται συνήθως στους επτά *ρίσι* της αρχαίας Ινδίας, δηλαδή σε σοφούς που μπορούσαν να «δουν» την Υπέρτατη Αλήθεια και να την μεταδώσουν με τη συγγραφή των Βεδών.

Σαμάντι: *«Σαμ»* = μαζί, *«άντι»* = με τον Κύριο. Ενότητα με το Θεό. Μια κατάσταση απόλυτης, βαθιάς συγκέντρωσης, κατά την οποία όλες οι σκέψεις καταλαγιάζουν και ο νους εισέρχεται σε πλήρη ακινησία, με αποτέλεσμα να παραμένει μόνο η Αγνή Συνειδητότητα.

Σαμσκάρα: Ο όρος *σαμσκάρα* έχει δύο έννοιες: Πρώτον, το σύνολο των εντυπώσεων που έχουν καταγραφεί στο νου μέσω της εμπειρίας (από την τωρινή ή προηγούμενες ζωές), οι οποίες επηρεάζουν τη ζωή ενός ανθρώπου – τη φύση του, τις πράξεις του, τη νοητική του κατασταση κ.λπ. Δεύτερον, την αφύπνιση της σωστής κατανόησης (γνώσης) σε κάθε άτομο, που οδηγεί στην εκλέπτυνση του χαρακτήρα του.

Σαννυάσιν ή σαννυασίνι: μοναχός ή μοναχή που έχει πάρει όρκο απάρνησης των εγκοσμίων. Ένας *σαννυάσιν* ή μία *σαννυασίνι* φορούν παραδεσιακά πορτοκαλί ενδυμασία, που συμβολίζει την εξάλειψη όλων των προσκολλήσεων.

Σατγκούρου: ένας φωτισμένος πνευματικός Δάσκαλος.

Σάτσανγκ: *Σατ* = αλήθεια, *σάνγκα* = συναναστροφή. Σάτσανγκ είναι η συναναστροφή με αγίους, σοφούς και ενάρετους ανθρώπους. Ο όρος αναφέρεται, επίσης, σε πνευματικές ομιλίες που δίνουν σοφοί και πνευματικοί Δάσκαλοι.

Σριμάντ Μπαγκαβατάμ: Μία από τις δεκαοκτώ γραφές που είναι γνωστές ως *Πουράνα*, η οποία περιγράφει τις ενσαρκώσεις του Θεού Βίσνου, και ιδιαίτερα, με μεγάλες λεπτομέρειες, τη ζωή του Σρι Κρίσνα, από την παιδική του ηλικία. Δίνει μεγάλη έμφαση στο μονοπάτι της αφοσίωσης.

Τάμας: Σκοτάδι, αδράνεια, απάθεια, άγνοια. Το *τάμας* είναι η μία από τις τρεις γκούνας ή θεμελιώδεις ιδιότητες της Φύσης.

Τάπας: «Θερμότητα». Η αυτοπειθαρχία, η τήρηση κανόνων και η αυταπάρνηση. Πνευματικές πρακτικές που καίνε τις ακαθαρσίες του νου.

Τζάπα: Η επανάληψη ενός μάντρα.

www.ingramcontent.com/pod-product-compliance
Lightning Source LLC
LaVergne TN
LVHW051736080426
835511LV00018B/3090